리더란 무엇인가

리더란 무엇인가

변화되는 세상에서
성공하는 리더의 노트

한근태 지음

샘터

Contents

3장

—

Notes for Changing Leaders

리더는 만들어진다,
고로 성장해야 한다

모든 사람은 다 소중하다. 하지만 리더의 소중함은 아무리 강조해도 지나치지 않다. 그 조직의 리더가 어떤 사람인지가 그 조직의 운명을 좌우하기 때문이다. 한 명의 리더가 멀쩡한 국가를 망칠 수도 있고, 망하다시피 한 국가를 살릴 수도 있다는 사실은 역사가 증명한다. 과거에도 그렇고 지금도 그렇고 미래에도 그럴 것이다.

1960년대 필리핀은 아시아 최고의 강자였다. 어려운 우리나라를 위해 장충체육관을 지어주고 엘리베이터도 수출했다. 그런데 오늘날 필리핀은 어떠한가. 필리핀은 전 아시아에 자국민을 노동자로 파견하고 있다. 필리핀에서는 대학을 나와도 취직할 곳이 없기 때문이다.

나는 이를 오랜 기간 집권했던 필리핀 전 대통령 페르디난드 마르코스Ferdinand Marcos와 그의 아내인 이멜다 마르코스Imelda Marcos 때문이라고 생각한다. 그들은 국가보다는 자신들의 안위에 신경을 썼다. 이멜다의 신발이 수천 켤레인 것만 봐도 그가 어떤 사람인지 대충 짐작할 수 있다. 오늘날 필리핀의 상황은 절대로 리더가 되면 안 되는 사람이 그런 자리에 올랐을 때의 결과를 말해준다.

필리핀의 대척점이 있는 나라는 싱가포르다. 1960년대 초 독립한 싱가포르는 가진 게 아무것도 없던 가난한 국가였다. 매춘과 마약과 더위뿐인 작은 항구도시였다. 지금은 어떤가? 싱가포르 국민소득이 6만 달러가 넘으니 한국의 두 배 가까이 된다. 세계적인 기업들의 글로벌 본부가 가장 많이 위치해 있는 곳이 싱가포르다. 모든 분야에서 경쟁력이 상위에 있는 모범적인 국가로 탈바꿈한 것이다. 이 모든 것이 오랜 시간 싱가포르 총리였던 리콴유Lee Kuan Yew 덕분이다. 그가 오늘날 싱가포르를 만든 주인공이다.

한국은 어떠한가? 20세기 이후 후진국에서 선진국이 된 유일한 국가다. 어떤 나라도 하지 못한 대단한 일을 해낸 나라다. 이 역시 정치적·경제적으로 뛰어난 리더들이 있었기 때문에 가능한 일이었다.

리더십은 참 흔한 주제다. 누구나 한마디는 할 수 있다. 기업에서 가장 요청이 많은 강연 주제도 바로 리더십이다. 하지만 리더십 책을 수백 권 읽어도 리더십을 잘 가르치는 교수가 될 수는 있지만 리더가 되는 것은 아니다. 리더는 현장에서 부닥치는 현실적인 문제를 극복하면서 리더십을 터득할 수밖에 없다. 역할 변화에 적응하면서 조금씩 성장하는 것이 최선이다.

한국에는 정말 괜찮은 리더가 많다. 일단 자기 힘으로 일가를 이룬 사람은 리더다. 그런데 이들은 자신이 아는 걸 가르치려고 하지 않는다. 그 대신 조직에서의 경험이 전혀 없는 대학교수 가운데 리더십 전문가를 자처하는 사람이 제법 많다. 나는 그들에게 리더의 자리를 맡기고 어떤 성과를 내는지 지켜보고 싶은 욕구를 갖고 있다. 그들의 이론이 현실적으로 어떻게 작동하는지 보고 싶다.

나 역시 리더는 아니다. 대기업에서 임원 역할을 한 것, 대학교수를 몇 년 한 것 정도의 경험밖에 없다. 그런데 남들과 다른 점은 두 가지다. 하나는 누구보다 리더십 관련 책을 많이 읽었다는 점이다. 또 다른 하나는 누구보다 다양한 종류의 기업을 다니고 여러 종류의 리더를 만나면서 나름의 의견을 갖게 되었다는 점이다.

삶에 정답이 없는 것처럼 리더십에도 정답은 없다. 그때그때 상황에 맞는 리더십이 필요할 뿐이다. 리더십의 출발은 상황 파악이다. 내가 맡고 있는 조직의 현 상황을 정확하게 알아차리는 것이다. 리더는 남들보다 먼저 위기의식을 느낄 수 있어야 한다. 최악의 리더는 모두가 위기라고 하는데 본인만 괜찮다고 생각하는 사람이다.

그다음은 방향 설정 능력이다. 내가 맡은 조직을 어떤 방향으로 이끌지 그릴 수 있어야 한다. 방향이 없으면 그 조직은 재앙이다. 재앙을 뜻하는 'disaster'가 사라진다는 뜻의 'dis'와 별을 뜻하는 'aster'로 구성된 걸 보면 이를 알 수 있다. 마지막은 방향에 맞게 사람과 시스템을 정렬하는 것이다.

이 책은 리더십 뷔페다. 리더십에 관련된 다양한 종류의 책을 요약 소개했기 때문이다. 뷔페에서 모든 음식을 먹을 수는 없다. 먹고 싶은 음식만 먹으면 된다. 이 책이 바로 그렇다. 모든 내용을 읽고 받아들일 필요가 없다. 본인 상황에 맞는 부분만 뽑아 읽고 익히면 된다. 이 책이 리더십에 대한 새로운 생각을 불러일으키는 계기가 되기를 희망한다.

1장

Notes for
Future Leaders

리더십은 영향력이다. 따라서 자리에 관계없이 영향력이 있는 사람이 곧 리더다. 미래의 인재가 되기 위해서는 무엇이 필요할까? 교육에서 학습으로 가야 한다. 학습의 결과물인 '견'과 '해'를 가지고 다른 사람과 토론할 수 있어야 한다. 자기 의견을 펼치면서 한편으로는 다른 사람 이야기를 경청하며 자기 생각을 조정할 수 있어야 한다. 마지막은 이를 글로 표현할 수 있어야 한다. 말하기, 듣기, 글쓰기 능력이 결정적이다.

나는 어떤 리더가
되고 싶은가

무슨 일을 할 때 가장 먼저 해야 할 일이 있다. 그 일에 대해 정의를 정확하게 내리는 일이다. 정확하게 어떤 일인지, 그 일이 어떤 의미를 갖고 있는지 생각해야 한다. 리더는 더욱 그래야 한다. 한 기업을 이끄는 자리는 아무나 차지할 수 없다. 하고 싶다고 할 수 있는 것도 아니고 하기 싫다고 뿌리칠 수 있는 자리도 아니다. 일정한 역량과 리더십이 검증된 사람만이 차지할 수 있는 자리다. 남들 눈에는 멋져 보여도 사실 리더의 자리는 어려운 자리다. 책임이 막중하다. 자칫하면 수천수만 명의 밥그릇을 위험에 빠지게 할 수도 있고, 반대로 많은 사람을 먹여 살릴 수도 있다. 그 자리를 지키기 위해서는 왕관의 무게를 견뎌야 한다.

　조직은 리더의 그릇과 열망만큼 큰다. 내가 이 조직을 이끌고 갈 역량과 그릇이 되는가? 항상 두려운 마음으로 되돌아보고 자신의 그릇과 역량을 키우기 위해 노력해야 한다. 리더는 실천적 관점에서 철학이 있어야 한다. 매일매일 하는 의사 결정은 데이터와 자료에 의존하지 않을 수 없지만, 조직을 끌고 나아가기 위해서는 소신과 철학이 필요하다. 주변의 정황과 세태에 흔들리지 않는 본인만의 가치관을 세워나가야 한다. 이게 무엇보다 중요하다. 그렇다면 리더는 어떤 철학을 가져야 하는가? 어떻게 철학을 정립하고 키워가야 하는가?

　첫째, 겸손한 마음을 가져야 한다. 내가 잘나서 리더가 된 것이 아니라는 사실을 깨닫는 것이 중요하다. 이 사실을 제대로 인식하고, 늘 회사와 주변에 감사하는 마음을 가져야 한다. 리더가 되어 새로운 사업을 맡았을 때 전임자를 부정하고 폄하하는 사람이 많다. 하지만 절대 그래서는 안 된다. 전임자도 마찬가지이지만 나 역시 잘나서 그 자리에 오른 것이 아니라는 사실을 잊지 말아야 한다.

　문제가 있으면 개선하면 된다. 특히 갑자기 적자 사업을 맡아서 일하다 보면 이를 해결하지 못했던 전임자를 원망하는 마음이 들 수 있다. 그러나 전임자 입장에서 생각해 보면 그 사람 역시 얼마나 힘들었는지 알 수 있다.

둘째, 내 대代에서 빛光을 보려 하면 안 된다. 리더가 된 사람은 이미 인정받은 사람이다. 더 욕심내서는 안 된다. 후대를 위해 기초를 쌓는다는 마음으로 일해야 한다. 리더는 후임자에게 더 좋은 회사를 물려줘야 하는 채무자 인식을 가져야 한다. 흔히 기업은 실적주의라고 하는데 꼭 그렇지는 않다. 위에서 정말 요구하는 것이 단기 성과일까? 아니면 장기 성과일까? 이 질문에 답을 확실히 내리지 못하고 불안해하면 경영자로서 자질이 없는 것이다. 소신과 철학을 가지고 '정도正道'를 가야 한다.

셋째, 솔선수범이다. 직원들은 리더의 말이 아닌 행동을 보고 움직인다. 사심 없이 일하는 모습, 공과 사의 구분 등 기본적이고 도덕적인 것은 당연히 지켜야 한다. 구성원들에게 원하는 게 있으면 먼저 솔선수범하고 실천하면 된다. 가장 중요한 것은 말이 아니라 리더의 행동이다.

나는 자기 의견이 있는 사람을 좋아한다. 이런 사람은 곧 남의 의견이 아닌 자기만의 정의를 가지고 있는 사람이다. 리더가 바로 자기만의 정의를 가져야 하는 사람이다. 즉, 자신이 정립한 철학이 있어야 하는 것이다. 현재 한국 사회, 한국 기업의 가장 큰 문제는 철학의 부재다. 수많은 리더가 사업을 하고는 있는데, 왜 이 사업을 하는지에 대한 철학 없이 그냥 하고 있다. 그저 돈을 벌기 위해, 남들도 하니까, 부모가 물려준 회사이기 때문에 사업을 하는 경우가 많다. 당연히 사명감이나 방향성이 부족하다. 리더는 무슨 일을 어떻게 할지에 대한 방법보다는 그 일을 해야 하는 이유에 관심이 많아야 한다. 그 이유가 곧 철학이기 때문이다.

대기업 사장으로 오래 일해온 친구에게 들은 이야기가 있다.

"내가 사장을 할 때 매출이 올라가고 이익이 늘어났는데, 이유가 뭘까? 내가 잘나서? 물론 내 역량도 이느 징노 삭용했지만 전임자가 뿌려놓은 걸 내가 거두는 경우가 대부분이다. 뿌린 사람이 당대에 결과를 못 얻고 엉뚱하게 후임자인 내가 그 결실을 즐기는 것이다. 사장을 오래 하기 위해서는 지금의 이익을 극대화하면 된다. 연구개발 예산, 교육 예산 등 당장 급하지도 않고 필요하지도 않은 투자예산을 다 없애는 것이 방법이다. 그럼 당장 이익이 난다. 하지만 이는 미래를 먹어 치우는 것과 같다. 정말 해서는 안 되는 일인데 그런 일을 하는 리더들이 있다."

리더는 결코 자기 대에서 빛나려 하면 안 된다. 자기가 빛을 보는 대신 팀원이 빛을 보게 하고, 지금 당장 결실을 내는 대신 후임자가 결실을 맺게 해야 한다.

리더란 누구인가? 어때야 하는가? 리더로서 내 철학은 무엇인가? 없다면 어떤 철학을 갖고 싶은가? 어떻게 기억되는 리더가 되고 싶은가? 이 질문에 대해 답을 만들어가는 순간이 당신이 리더가 되는 첫 시간이다.

새로운 시대,
새로운 인재

요즘에는 재택근무를 하는 회사가 많다. 내가 아는 모 글로벌 기업은 원래도 재택근무를 장려했는데 코로나로 인해 이제는 대부분의 업무 시간을 집에서 보낸다. 하지만 성과에는 별 지장이 없다. 얼마 전만 해도 상상할 수 없는 일이다. 이처럼 세상은 빠른 속도로 변하고 있다. 당연히 사람도 변하고, 일하는 방식도 변한다. 필요한 역량도 달라져야 한다.

먼저 산업은 어떻게 변화해 왔는지 들여다보자. 첫 번째, 조선, 제철, 화학, 원자력 산업 같은 중후장대重厚長大 산업이다. 이 산업은 규모의 싸움이다. 큰 것이 작은 걸 잡아먹는다. 두 번째,

반도체를 비롯한 전자 부품 산업 같은 경박단소輕薄短小 산업이다. 이 산업은 속도가 중요하다. 빠른 것이 느린 것을 잡아먹는다. 세 번째, 뷰티, 브랜드, 명품, 패션, 건강식품, 레저 산업 같은 미감유창美感柔創 산업이다. 이 산업은 브랜드가 중요하다. 진짜가 짝퉁을 잡아먹는다.

그렇다면 지금의 4차 산업은 무엇일까? 바로 초탈무극超脫無極이다. 선이 점을 잡아먹고, 플랫폼이 프로덕트를 잡아먹고, 가상이 현실을 잡아먹고, 기계가 인간을 잡아먹는다. 그러면 어떤 일이 벌어질까? 고용 없는 성장이다. 산업 시대의 종말과 그에 따른 회사형 인간의 멸종이다. 예전에는 부유한 노예가 많았다. 이제는 부유한 노예 대신 빈곤한 자유인이 탄생하고 있다. 직장도 바뀐다. 예전 직장에서는 안전을 보장받았지만 더 이상 아니다.

산업이 바뀌면 생각도 바뀌어야 한다. 생각의 변화를 살펴보면 이렇다. 첫째, 1.0 사고다. 사지선다형 문제를 잘 푼다. 주어진 문제 중 정답을 잘 골라내면 된다. 둘째, 2.0 사고다. 주관식 문제 풀이 능력이다. 주어진 문제에 답을 쓰면 된다. 셋째, 3.0 사고다. 주어진 문제에 창의적인 답변을 하는 것이다. 남다른 생각, 독특한 생각, 새로운 생각 등이 필요하다.

이제는 4.0 사고가 필요하다. 스스로 문제를 제기하고 본질을 발견하고 해결책을 찾는 방식이다. 주어진 문제를 푸는 게 아니라 스스로 문제를 내는 출제자가 되는 것이다. 남이 낸 문제를 푸는 것과 스스로 질문하고 답을 찾는 것은 완전히 다른 방식의 일이다. 생각하는 방식을 바꾸어야 한다. 생각을 바꾸기 위해서는 눈이 좋아야 하는데, 맥락을 읽어내는 네 개의 눈이 필요하다.

첫 번째 눈은 시력이다. 이는 눈의 힘이다. 시력이 좋아야 디테일을 볼 수 있다. 두 번째 눈은 시야다. 좁은 시야 대신 넓은 시야가 필요하다. 그래야 남이 보지 못하는 걸 볼 수 있다. 세 번째 눈은 시각이다. 다른 각도에서 볼 수 있어야 다른 걸 볼 수 있고 해법이 달라질 수 있다. 미지막은 시선이다. 사물을 바라보는 관점이다. 변하지 않는 본질이나 원칙을 파악하는 능력이다.

보는 방법도 달라져야 한다. 아무 생각 없이 그냥 보는 건 시視다. 대략 훑어보는 건 간看이다. 특별한 의도를 가지고 신경 써서 보는 건 견見이다. 물리적으로 보이지 않는 걸 꿰뚫어 보는 건 관觀이다. 시에서 간으로, 간에서 견으로, 견에서 관으로 갈 수 있어야 한다. 이를 위해서는 종적으로 보고 또 횡적으로도 볼 수 있어야 한다. 깊이 파면서 한편으로는 이질적인 현상이나 사고를 관통하는 원리를 찾아내야 한다.

이것의 핵심은 지식이다. 그런데 지식이란 무엇일까? 아는 건 무엇인지, 모르는 건 어떤 것인지, 그래서 무엇을 알아야 하는지를 아는 것이 바로 지식이다. 이를 다섯 글자로 압축한 게 '지행용훈평知行用訓評'이다. 알고, 행동하고, 사용하고, 가르치고, 평가하라는 것이다. 가장 효과적으로 배우는 과정이다.

새로운 시대에 맞는 새로운 인재는 과연 어떤 사람일까? 먼저 새로운 인재가 갖춰야 할 덕목에 대해 정리해 보자. 첫째, 인성이다. 따뜻한 마음, 인정과 배려, 온화함, 용서와 관용, 양보와 조화 등… 한마디로 인간미가 있어야 한다. 둘째, 전문성이다. 비전문가에서 전문가로, 다음은 초전문가로, 그다음은 탈전문가로 나아가야 한다. 셋째, 창의성이다. 이는 상상력, 영감, 통찰력과 관련이 있다. 넷째, 야성이다. 이는 개척 정신을 말한다. 문제의식, 기업가 정신, 주인 의식이 필요하다.

그렇다면 새로운 인재가 갖춰야 할 능력은 무엇일까? 다섯 가지를 들 수 있다. 첫째, 플랫폼 능력이다. 플랫폼 능력은 구슬을 꿰는 능력을 뜻한다. 일반 지식을 하나로 꿰고 연결하는 능력이다. 일반 지식은 고립된 독립 지식이고 메타 지식은 연결된 지식이다. 내가 아는 것과 모르는 것이 1차 지식이라면 내가 아는 것을 아는 것, 배우는 법을 배우는 것, 내가 무엇을 모르는지 아는 것이 메타 지식이다.

둘째, 질문 능력이다. 질문은 상대에 대한 존중이자 사랑이다. 적극적으로 경청하지 않으면 질문이 생기지 않는다. 집중해서 들어야 질문이 생긴다. 질문에는 경청 능력, 요약 능력, 되묻기 능력이 모두 필요하다. 셋째, 개념 설계 능력이다. 이는 보이지 않는 걸 그려내는 능력, 즉 추상적인 개념을 구체적으로 디자인하고 실제로 구현해 낼 수 있는 능력이다. 보이지 않는 것에 대한 상상력에 이를 구체적으로 구현해 내는 엔지니어링 능력이 더해진 결과다. 넷째는 아키텍처 능력, 다섯째는 디테일 능력이다.

미래의 인재가 되기 위해서는 무엇이 필요할까? 교육에서 학습으로 가야 한다. 남이 가르쳐주는 것을 듣는 대신에 스스로 알아서 공부해야 한다. 학습의 결과물인 '견'과 '해'를 가지고 다른 사람과 토론할 수 있어야 한다. 자기 의견을 펼치면서 한편으로는 다른 사람 이야기를 경청하며 자기 생각을 조정할 수 있어야 한다. 마지막은 이를 글로 표현할 수 있어야 한다. 말하기, 듣기, 글쓰기 능력이 결정적이다.

업의 본질을
정립하라

자신이 속한 업의 본질에 대한 생각을 들어보면 그 사람이 좋은 리더인지 아닌지를 알 수 있다. 어떤 직원이 일류인지 아닌지를 구분하는 방법 가운데 하나도 자신이 하는 일에 대한 그의 생각을 들어보는 것이다. 업의 본질 이야기가 나왔을 때 당황한 표정을 짓거나, 한 번도 생각을 해보지 않았거나, 왜 그 따위 질문을 하느냐고 물으면 그는 에이스가 아니다. 업의 본질을 어떻게 이해하느냐에 따라 그의 역할이 달라지고 조직의 미래가 달라진다.

'당신은 무슨 일을 하는 사람인가?' 이런 질문을 받으면 보통 자기가 다니는 회사 이름과 부서, 직책을 이야기한다. 하지만 이는 '직'이시 '업'이 아니다. 정말 중요한 것은 '직'보다 '업'이다. 업은 평생에 걸쳐 만들어가야 하는 일이다. 업에 대해 명확한 정의를 내릴 수 있어야 발전할 수 있다.

물류 회사 페덱스 CEO 프레더릭 스미스Frederick W. Smith는 처음에는 자신의 업을 '고객에게 마음의 평화를 판매한다'라고 정의했다. 영국의 서점 체인 워터 스톤스는 계속해서 적자를 보았지만 서점을 '좋은 책을 추천해 고객으로 하여금 자신에게 맞는 책을 사게 만드는 큐레이션'으로 재정의한 다음 흑자로 돌아섰다.

업의 본질은 무엇인가? 삼성의 이선희 회장은 반도체 사업의 본질을 타이밍 사업이라고 말했다. 실제 반도체 사업은 올림픽 사이클이라고도 불리는 호황과 불황의 사이클을 겪는데, 삼성은 불황 때마다 과감한 투자를 통해 성장했다.

창업주 이병철 회장이 이끌던 삼성이 당시 반도체 사업에 뛰어들자 일본 회사들의 견제가 굉장히 심했다. 삼성이 '64K DRAM'을 개발해 판매를 시작하자 시장에 공급 과잉이 일어났고, 6개월 만에 가격이 10분의 1로 떨어졌다. 적자가 매우 심해진 상황에서 이병철 회장은 신규 라인 건설을 지시했다. 지시를 받은 경영진은 갈팡질팡했다. 가격이 폭락하고 경쟁이 극심한 상황에서 어떻게 라인을 또 지을 것인가? 당연히 엄두를 내지 못하고 차일피일 미루고 있었다.

어느 날 저녁, 이병철 회장이 경영진에게 전화를 걸어 내일 기공식에 참석하겠다고 말씀하시고 끊었다고 한다. 그래서 부랴부랴 밤새워 기공식 준비를 하고 시작한 라인이 DRAM 3라인이다. 이병철 회장은 3라인 완공을 보지 못하고 돌아가셨는데, 그 3라인이 완공될 때 메모리 사이클이 호황으로 돌아서서 삼성이 글로벌 기업으로 도약하는 데 큰 힘이 되었다고 한다.

이후도 마찬가지였다. 삼성이 반도체 시장에서 세계 1위에 오르고 그 자리를 굳건히 지킬 수 있었던 것은 기술적 측면도 강하지만 제때 제대로 된 투자를 지속했기 때문이다. 남들이 두려워하는 불황기에 적극적인 투자를 한 덕분이다. 그래서 반도체업의 본질은 타이밍이라는 것이다.

업의 본질과 개념은 시대에 따라 달라진다. 예전 반도체 사업의 본질이 타이밍이라면 현재는 보안이라고 한다. 메모리 사업은 1970년대까지는 미국이 세계 시장을 선도해 왔고 1980년대 이후는 일본이 양산 기술을 앞세워 세계 패권을 차지했다. 이후 삼성이 추격해 1990년대 세계 1위로 올라섰고 20년째 한국이 세계 시장을 주도하고 있다.

반도체는 신규 기술 개발에 많은 시간과 비용이 들어간다. 또 이 기술은 설비를 통해 구현된다. 즉, 기술이 설비에 내재화되는 것이다. 어렵게 개발한 설비와 개발과 운영 인력이 유출된다면 큰 위협이 된다. 이런 관점에서 반도체 사업의 본질은 타이밍에서 보안으로 바뀌고 있는 것이다.

같은 사업이라도 경영자가 보는 업의 본질에 따라 사업은 크게 달라질 수 있다. 업의 본질에는 경영자의 통찰력과 방향성이 담겨 있다. 예를 들어 시계 사업을 정밀기계 사업으로 보느냐, 패션 사업으로 보느냐, 보석 사업으로 보느냐에 따라 사업의 운영 방향성이 달라지는 것이다.

한국은 반도체와 디스플레이 강국이다. 왜 그럴까? 둘 다 엄청난 투자가 필요하고, 투자에는 타이밍이 결정적인 역할을 하기 때문이다. 한국 기업은 오너 경영 체제가 대부분이고 그래서 의사 결정이 상대적으로 쉽고 빠르다. 반도체와 디스플레이 사업을 하기에 유리하다. 반면 대만은 소액주주가 많다. 그래서 의사 결정에 시간이 걸리고 타이밍을 놓칠 가능성이 높다.

사업을 할 때 가장 중요한 것은 업의 본질을 정확히 꿰뚫어

보는 능력이다. 이 방면의 선구자는 이병철 회장이라고 생각한다. 이병철 회장은 다양한 산업에 대해 본질을 정의 내렸다.

'보험업의 본질은 채용이다.' 지금의 삼성생명인 당시 동방생명을 인수한 다음 이병철 회장이 한 말이다. 보험은 보험 모집인이 좌지우지하며 보험 모집인이 전부다. 따라서 유능한 모집인을 채용하고 육성하는 일이 가장 중요하다. 하지만 이 또한 시간이 지나면서 바뀌는 것 같다. 그렇다면 현재 보험업의 본질은 무엇일까? 안심업이 아닐까? 보험업은 마음의 평화를 주는 업이라고 볼 수 있다.

호텔은 장치산업이며 부동산업의 성격까지 갖고 있고, 반도체와 LCD사업은 시간과 싸우는 시간 산업으로, 시간과의 싸움을 어떻게 전개할지에 성패가 달려 있다고 했다. 기회를 놓치면 엄청난 손실이 발생하고, 이를 만회하려면 엄청난 시간이 필요하다는 것이다. 그리고 카드업은 술장사와 같다고 했는데, 술집에서는 매상보다는 얼마나 수금되느냐에 성패가 달려 있기 때문이다.

일본에는 100세가 되어서도 긴자 술집에서 인기를 누린 마담이 있다. 53년 동안 술을 파는 조그만 바를 운영하다 101세의 나이로 2003년 긱고한 아리마 히데코가 주인공이다. 그녀는 자신의 일에 대해 "술집은 샐러리맨들의 스트레스를 풀어주는 곳, 마담은 술을 마시는 사람이 아니라 손님이 즐겁게 술을 마시도록 도와주는 사람"이라고 정의했다.

진급에 실패한 샐러리맨에게는 위로의 편지를, 사업에 성공한 사업가에게는 축하의 편지를 쓰는 것이 그녀가 평생 거르지 않은 일과였다. 마담이었지만 술은 90세가 넘어 조금씩 마셨고, 손님과 풍부하고 격조 있는 대화를 나누기 위해 매일 신문 세 종과 광고까지 읽으면서 시사 상식을 습득했다. 단골 가운데는 문학계 유명 인사와 기업인이 즐비했다. 그녀는 술집을 운영했던 것이 아니라 인생 상담업을 했던 것이다.

당신이 속한 곳의 업의 본질은 무엇인가? 시간이 없어 여러 일은 못하고 한 가지만 할 수 있다면 무엇을 할 것인가? 내가 한 가지만 고른다면 바로 글쓰기다. 글쓰기가 내 업의 본질이다. 당신은 어떤가?

무엇이
리더십을 만드는가

싱가포르에서는 필리핀 출신의 가정부를 쉽게 볼 수 있다. 필리핀에서 대학까지 나온 사람이 자국에 취업할 곳이 없자 멀리 싱가포르까지 온 것이다. 1960년대 우리나라 많은 젊은이가 독일에 광부와 간호사로 일하러 갔던 것과 비슷하다. 지금과 달리 한때 필리핀은 아시아 2위의 선진국이었다.

반면 1965년 독립한 싱가포르는 아무 자원이 없는 항만도시에 불과했다. 세월이 흘러 싱가포르는 GNP 6만 달러가 넘는 선진국이 되었고 필리핀은 자국민을 해외 일꾼으로 내보내야 하는 나라로 전락했다. 오늘날 두 나라가 처한 상황이 다른 이유가 뭐

리더란 무엇인가

라고 생각하는가? 바로 지도자의 리더십 때문이다.

지도자가 어떤 리더십을 발휘하느냐에 따라 국가의 운명이 결정되기도 한다. 세계를 이끌어가는 유명 지도자들을 배출하는 대표적인 기관으로는 하버드대학이 있다. 하버드대학에서는 빌 클린턴, 넬슨 만델라, 리콴유, 존 메이저 같은 전 세계 리더를 초청해 그들의 강연을 듣는 '알코 포럼Alco Forum'이 열린다. 리더십 거인들과의 만남을 통해 학생들에게 큰 자극과 함께 도전 욕구를 주기 위함이다. 그 외에도 학부 학생이 주축을 이뤄 열리는 리더십 세미나도 인기가 높다.

이런 행사만 보아도 이 대학이 학생들의 리더십 함양에 얼마나 열정을 쏟고 있는지를 알 수 있다. 이들이 말하는 리더십은 과연 어떤 것일까? 하버드대학은 "도전적인 기회 속에서 비전을 명확히 세워 현실을 돌파해 나가기 위해 조직과 사회를 동원하는 활동"을 리더십으로 정의한다. 이때 리더십의 구성 요소는 다음과 같다.

첫째, 명쾌한 비전이다. 비전이 성장의 원동력이다. 비전은 미래 지향적인 그림이다. 미래를 현재로 끌어오는 것이 바로 비전이다. 비전은 상상이 가능해야 하며, 바람직해야 한다. 실행 가능하고, 초점이 있고, 이해할 수 있어야 한다.

둘째, 목표다. 목표는 추종자의 가슴을 뛰게 해야 한다. 목표를 설정하고 이를 사람들과 공유하는 일이 리더의 역할이다. 1965년도 당시 싱가포르 총리 리콴유가 주장한 목표는 '1, 2, 3, 4, 5'다. 국민 한 사람이 '1'명의 부인과 '2'명의 자녀를 갖고 방이 '3'개인 집에서 바퀴가 '4'개 달린 차를 굴리며 주급 '5'달러를 받는 국가로 만들겠다는 것이다.

이처럼 목표는 명쾌해야 한다. 또 전략이 분명해야 한다. 전략은 목표에 도달하는 방법이다. 목표가 '무엇What'이라면 전략은 '어떻게How'에 관한 것이다. 링컨의 노예해방은 그의 비전을 실현하기 위한 하나의 전략이었다. 남부의 농장에서 노예를 해방시킨 후 이들을 군에 입대시켜 전쟁을 승리로 이끌려는 목표를 위함이었다. 목표를 수립하고 도달 방법을 생각하는 것은 리더의 가장 중요한 역할이다.

셋째, 팔로워다. 리더십을 발휘하는 데 팔로워는 결정적인 역할을 한다. 아무리 리더가 훌륭해도 팔로워가 받쳐주지 않으면 리더십의 발휘는 쉽지 않다. 프랑스혁명은 미국의 독립 전쟁에 비해 성공적이지 못했다. 미국의 정치가이자 철학자인 토마스 제퍼슨Thomas Jefferson은 그 이유로 부족한 팔로워를 꼽는다.

우리는 리더에 대해서 엄청나게 많은 것을 요구하고 주장한다. 하지만 팔로워의 역할에 대해서는 아무런 생각을 하지 않는다. 팔로워는 리더 못지않게 중요하다. "모든 국민은 자신들의 수준에 맞는 정부를 가진다"라는 프랑스 정치학자 메스트르의 말을 되새겨 봐야 한다. 비슷한 말로 '천하흥망 필부유책天下興亡匹夫有責'이라는 말도 있다. 천하의 흥망은 모든 사람의 책임이라는 뜻이다.

환경 또한 중요하다. "시대가 영웅을 만든다"라는 말이 있다. 총리 취임 전에 윈스턴 처칠은 평범한 국회의원이었다. 하지만 제2차 세계대전이 터지자 그는 놀라울 만큼 성공적인 리더로 거듭났다. 국민에게 희망을 불어넣고, 광범위한 자원을 동원하기 위해 감동적인 리더십을 행사했다. 시대가 영웅을 만든 것이다. "역사가 위대한 인물을 낳는가, 아니면 위대한 인물이 역사를 창조하는가?" 톨스토이의 말이다.

굿 리더와
배드 리더

2009년 초 구글은 굿 리더를 길러낼 방법을 찾기 위해 팀장급 이상에 관한 자료 100종류, 1만 건 이상을 수집해 분석한 다음 리더의 조건 여덟 가지를 찾아냈다. 그 결과, 그동안 그들이 리더의 최우선 조건이라 신봉했던 기술적 전문성은 우선순위에서 꼴찌라는 사실을 발견했다. 그 대신 팀원과의 일대일 만남, 팀원의 이야기를 경청하는 일, 팀원에 대한 관심 등이 앞 순위를 차지했다.

이는 무엇을 의미하는 것일까? 업무 능력과 인간성 사이의 균형이 중요하다는 것이다. 아무리 좋은 팀원을 뽑아도 그를 무시하거나 모욕해 일할 의욕을 떨어뜨리면 성과는 나지 않는다. 직원이 되사하는 가장 큰 이유는 언제나 상사다. 그래서 '회사를 보고 들어와, 상사를 보고 그만둔다'라는 말이 나오는 것이다.

결론은 리더십이다. 결국 리더십을 제대로 갖춘 좋은 리더에게 모든 것이 달려 있다. 크고 작은 기업이든, 어떠한 단위의 팀이든 상황은 똑같다. 굿 리더는 성과를 높이면서 동시에 팀원을 존중한다. 공은 팀원에게 돌리고, 책임은 본인이 진다. 회사의 부당한 요구에 스스로 방패가 된다. 팀원들은 좋은 리더를 위해서라도 열정적으로 일하고 싶어 한다.

굿 리더는 어떻게 될 수 있을까? 먼저 배드 리더가 되지 않아야 한다. 굿 리더가 되는 것보다 배느 리더가 되지 않기 위해 노력하는 게 효과적이다. 이를 위해서는 특히 세 가지를 조심해야 한다. 권력 중독, 시간 압박, 성과 압력이다.

캘리포니아대학 버클리 캠퍼스의 대커 켈트너Dacher Keltner 교수가 이끈 '쿠키 실험Cookie-Monster Study'이 있다. 세 학생이 있는데, 두 명에게는 보고서를 쓰게 하고 나머지 한 명에게는 보고서 평가를 하게 한다. 그리고 이들 앞에는 쿠키가 담긴 쟁반을 놓아둔다.

보고서 쓰기와 평가를 끝내고 쟁반을 살펴보자. 과연 누가 쿠키를 더 먹었을까? 보고서 평가를 맡은 한 명이 나머지 두 사람보다 훨씬 많은 쿠키를 먹었다. 이를 통해 우리는 알 수 있는 것은 사람은 작은 권력만 잡아도 자기중심적으로 생각하고 행동한다는 것이다.

아랫사람은 안중에도 없이 마음대로 행동하는 것, 이것이 바로 권력 중독power poisoning이다. 권력이 당신을 타락시키지 못하게 하라. 공감, 감사, 관대함의 덕목을 실천하면 권력 중독을 극복할 수 있다. 이뿐만이 아니다. 정해진 시간 안에 성과를 내도록 압박을 하는 시간 압박, 성과 압박 등이 배드 리더를 만든다.

이런 것에 중독되면 누구나 나쁜 리더로 변질될 수 있다. 좋은 리더는 인간을 이해하는 폭이 넓어야 한다. 사람에 대한 생각을 정리해야 한다. 팀원은 팀원이기 이전에 하나의 인격체라는 사실을 명심해야 한다. 인격체로서 이해하고 존중해야 한다.

만약 이런 생각을 하지 못한다면 그 자체로 배드 리더다. 업무 능력이 아무리 뛰어나도 팀원을 무시하고 모욕하며 일할 의욕을 잃게 만든다면 좋은 리더가 될 수 없다. 그로 인해 조직 전체가 제대로 일을 할 수 없게 만들기 때문이다. 좋은 리더는 일하고 싶게 만드는 사람이다. 리더 때문에 일을 하지 못한다면, 아니 일할 의욕이 사라진다면 그런 리더는 사라지는 게 마땅하다.

배드 리더는 자신이 힘드니까 주변을 돌아볼 여유가 없다. 자기 코가 석 자이니 팀원을 돌볼 수 없다는 말이다. 배드 리더는 본인은 물론 팀원 그리고 조직까지 모두 망친다. 특히 팀원 건강에 치명적이다. 스웨덴에서 남성 3100명을 10년간 추적 및 조사했는데 나쁜 리더와 일한 사람들은 그렇지 않은 경우보다 심장 발작에 걸릴 위험이 20퍼센트 이상 높았다.

배드 리더는 팀원의 가족과 연인의 멘탈까지 괴롭힌다. 팀원들이 늘 집에서 상사를 욕하기 때문이다. 밖에서 오물을 뒤집어쓴 다음 집에서 냄새를 풍기는 것이다. 물론 조직에도 큰 손해를 끼친다. 2001년 미국 기업 서너의 CEO 닐 패터슨은 간부들에게 '토요일에 직원 절반 이상이 나와서 일하지 않으면 2주 후에 당신들부터 해고해 버리겠다'는 내용의 이메일을 보냈다.

누군가 이 이메일을 인터넷에 공개하자마자 이 회사 주가는 사흘 만에 22퍼센트나 떨어졌다. 나쁜 리더에게는 팀원뿐 아니라 시장도 등을 돌린다. 가장 큰 피해자는 리더 본인이다. 유능한 팀원들이 떠나거나 남아 있어도 그 리더를 더 이상 따르지 않고 실적은 떨어진다. 작은 허점이 나타나는 순간, 원한을 가진 피해자들이 동시에 덤비면서 한순간에 모든 것이 끝난다.

누구나 방심하면 언제든 자신이 배드 리더가 될 수 있다는 사실을 인지하고 있어야 한다. 하지만 사람은 주관적이고 자신을 과대평가하는 경향이 있다. 자신에 대해서는 '의도'로 평가하고 남들은 '행동'으로 평가한다. 이런 식의 착각을 깨고 항상 다른 사람의 눈에 비친 객관적인 자신의 모습을 알기 위해 노력해야 한다.

이를 위해 주변에 쓴소리를 할 수 있는 통제관을 곁에 두어야 한다. 나쁜 결정을 내릴 때마다 그러면 안 된다고 조언해 주는 사람이 있어야 한다. 이런 병을 고치는 최선의 방법은 수치심과 긍지다. 예컨대 중학생 아들이 당신의 행동을 어떻게 생각할지 물어보자. 당신이 팀원에게 하는 행동을 떳떳하게 가족에게 이야기할 수 있는지 돌아보라.

배드 리더만큼 배드 팀원도 있다. 조직을 위해 노력하지 않는 사람, 초조와 불안과 짜증을 퍼뜨리는 사람, 상대를 존중하지 않는 사람은 모두 배드 팀원이다. 그런 팀원이 한 명이라도 있으면 조직의 성과는 30~40퍼센트 떨어진다. 썩은 사과 하나가 상자 속 사과 전체를 썩게 하는 것이다. 발견하는 즉시 문제를 바로잡아야 한다.

가장 중요한 건 채용 과정이다. 채용 과정에서 이들을 걸러낼 수 있어야 한다. 채용할 때는 멀쩡했는데 시간이 흐르면서 나쁜 팀원이 되는 경우도 있다. 이를 개선하는 데는 시간과 인내가 필요하다.

개선은 안 되지만 아까운 재능을 가진 경우도 있다. 미드웨스트 항공에는 '안전 관리의 황제'로 불린 엔지니어가 있었다. 기체 결함을 기막히게 찾는 사람이었다. 하지만 그는 동료들의 마음에 상처를 내는 독설가였고 경영진은 그에게 별도의 사무실을 주고 동료들과 물리적으로 격리했다.

한편 누구에게도 피해를 주지 않지만 소통 능력이 떨어져 동료들과 잘 지내지 못하는 경우도 있다. 이들은 일을 효과적으로 잘할 수 있는 환경을 조성해 내버려 두는 것이 방법이다. 어디에나 그런 사람은 존재한다.

이제 굿 리더는 어떤 사람인지 살펴보자. 굿 리더는 다섯 가지 특징을 갖고 있다. 첫째, 지혜롭다. 옳다고 믿으면 과감하게 추진한다. 하지만 자신이 틀린 것을 확인하면 재빨리 방향을 바꾼다. 둘째, 솔직하다. 자신의 약점을 감추지 않는다. 오히려 팀원에게 약점을 보완해 줄 것을 요청한다. 셋째, 주의가 깊다. 팀원들의 말과 표정을 잘 살핀다. 팀원을 이해하고 존중하기 위해서다. 넷째, 논쟁한다. 건설적인 논쟁을 좋아한다. 개인이 아닌 의견을 놓고 이야기한다. 다섯째, 도전한다. 사업이 잘될 때 다시 도전한다. 작은 승리에 만족하지 않는다.

굿 리더는 때로는 위에서 내려오는 어리석은 지시를 막아주어야 한다. 인간 방패 역할도 해야 하는 것이다. 팀원의 소중한 시간과 기회를 빼앗는 지시는 앞장서서 거부할 수 있어야 한다.

듀폰의 아시아태평양 회장을 지냈던 김동수 회장의 리더십 관련 강의를 들은 적이 있다. 그는 이 강의에서 리더는 많은 사람의 영향을 받으면서 성장한다면서 자신에게 영감을 준 다섯 사람을 소개했다. 나는 이 다섯 사람이 굿 리더의 모델이 될 수 있다고 본다.

첫째, 듀폰의 전 회장 에드 울러드Edgar S. Woolard다. 1988년 한국을 방문했을 때 김동수 회장은 이사였고 그분 앞에서 발표를 해야 했다. 그 이후에는 아무런 접촉이 없었다. 2년 후, 듀폰의 그린룸에서 식사를 하는데 멀찌감치 울러드 회장이 보였다. 워낙 높은 사람이라 모른 체하고 식사를 했다. 그런데 얼마 후 울러드 회장이 김동수 회장에게 다가와 어깨를 툭 치면서 인사를 건넸다. "Good Morning, DS" 진심 어린 인사였다.

어떻게 수만 명을 거느린 회장이 한국에서 온 그의 이름을 기억할 수 있었을까? 아마, 낯이 익으니까 옆의 직원에게 물어본 다음 그에게 다가갔을 것이다. 그 사건 이후 김동수 회장은 에드 울러드 회장을 깊이 존경하게 되었다고 한다. 진심이 느껴졌기 때문이다. 리더는 직원을 단순히 직원이 아닌 하나의 인격체로 대해야 한다는 것을 배웠다고 한다.

둘째, 몇 년 동안 김동수 회장의 직속 상사로 같이 일했던 앤더슨이다. 듀폰에서는 일 년에 한 번 한 시간씩 평가 시간을 가졌는데, 잘한 일은 무엇이고, 못한 일은 무엇이냐, 어떤 계획을 갖고 있느냐 같은 질문을 던지면서 이야기를 나누는 것이다. 상사인 앤더슨이 김동수 회장에 대한 평기를 끝내자 이제는 그의 눈에 비친 자신은 어떤 사람인지 평가를 해달라고 요청했다. 김동수 회장은 당황해서 아무 말도 할 수 없었다고 한다. 상급자를 평가할 수는 없다고 답하자 그가 이렇게 말했다.

"우리는 똑같은 인간이다. 직책이란 것은 연극의 가면 같은 것이다. 난 임원의 가면을 쓰고 자네는 부장의 가면을 쓰고 역할극을 하는 것이다. 연극이 끝나면 우리는 하나의 동등한 인격체다. 제발 말을 해달라."

김동수 회장은 할 수 없이 솔직한 의견을 말했다. "당신은 말이 너무 많고 길다. 일단 당신과 앉으면 내 이야기를 할 수가 없다." 앤더슨은 고맙다며 이렇게 말했다. "나는 이미 상사로부터 그 부분에 대한 피드백을 받았다. 그런데 부하 직원인 당신으로부터 이런 피드백을 받으니 느낌이 완전히 다르다. 잘 알겠다. 고치도록 노력하겠다."

7년 후 그들의 위치가 달라졌다. 김동수 회장이 앤더슨의 상사가 된 것이다. 하지만 이후에도 똑같이 행동했다. 서로가 서로에게 피드백을 했고 서로를 같은 인격체로 대했다. 그들은 친구이자 파트너로 거듭났다.

셋째, 드와이트 밀러Dwight Miller다. 그는 김동수 회장이 부공장장 시절 공장장이었다. 김동수 회장이 부공장장으로 부임하자마자 밀러는 이렇게 말했다. "너, 잘 왔다. 나는 이제 은퇴가 얼마 남지 않았다. 당신에게 일을 위임하고 나는 사냥이나 하면서 편하게 지내야겠다. 그러니 이곳에서 마음대로 공장을 운영해보라." 말 그대로 그는 전혀 관여하지 않았다. 가끔 만나면 늘 칭찬을 해주고 격려해 주는 게 전부였다. 실수한 것을 이야기하면 "그럴 수도 있다. 그 대신 다음번에는 똑같은 실수를 하지 말아라"라고 말하는 정도였다. 밀러 덕분에 김동수 회장은 정말 열심

리더란 무엇인가

히 일했고, 많이 성장하는 계기가 되었다고 한다. 드와이트 밀러가 가장 잘한 일은 김동수 회장을 그저 내버려 두고 지켜본 일이다.

넷째, 오늘날의 듀폰을 만든 채드 홀리데이Chad Holiday 회장이다. 그는 김동수 회장과 같은 날에 퇴임했다. 퇴임식 식사를 마치고 호텔로 걸어가는데 그가 김동수 회장에게 물었다고 한다. "너 무슨 차 샀니?" 의미를 몰랐던 김동수 회장은 당신은 무슨 차를 샀냐고 되물었다. 그는 "난 도요타 프리우스"라고 말했고 이에 김동수 회장은 의아했다고 한다. 그렇게 부자인 사람이 2만 달러 남짓한 소형차를 산 것이다.

이유를 묻자 채드 홀리데이 회장은 "내가 환경론자인데 큰 차를 몰고 다니면서 그런 소리를 한다는 게 앞뒤가 맞지 않는다는 생각이 들어 내린 결정이다"라고 말했다. 이 말을 들은 김동수 회장은 자신이 부끄러웠다고 한다. 사실 그는 큰 벤츠를 뽑았기 때문이다. 그는 그때 BMW를 샀다고 거짓말을 할 수밖에 없었다.

마지막으로, 김동수 회장의 어머니다. 고교 시절 친구들이 김동수 회장의 집에 놀러 간 적이 있었는데 당시 그의 집에는 양담배가 있었고 호기심 넘치던 친구들이 한 개비씩 피워보자고 했

다. 그 역시 한 개비를 피웠는데 맛이 없어 바로 끄고 청바지 뒷주
머니에 넣어두었다.

그리고 잊고 지냈는데 며칠이 지난 어느 날 어머니가 그에게
"동수야, 너 담배 피우니?"라고 물어보셨고, 그는 벌컥 화를 내면
서 아니라고 소리쳤다. 그랬더니 어머니는 눈물이 그렁그렁한 눈
으로 그를 보며 "엄마가 나쁜 엄마다. 그런 너를 의심하다니. 미
안하다⋯."라고 말씀하시고 나가셨는데 이 말을 듣자마자 그는
충격에 빠졌다고 한다. 이어 3개월 후 미국으로 건너가 6년을 공
부하고, 3년간 군대 생활을 하는 가운데 많은 유혹이 있었지만 그
는 어머니의 그때 그 말씀이 생각나 절대 담배만은 피우지 않았
다고 한다.

사람은 어느 날 갑자기 어떤 사람이 되는 것이 아니다. 그런
일은 있을 수 없다. 수많은 사람을 만나고, 그의 영향을 받고, 일
을 통해 배우면서 리더가 되는 것이다. 현재 당신에게 가장 크게
영향을 준 사람은 누구인가? 당신은 어떤 사람을 모델로 삼아 굿
리더가 되고 싶은가?

리더란 무엇인가

여러 우물가를
뛰노는 개구리

닉 러브그로브Nick Lovegrove 교수가 쓴 《스워브Swerve》라는 책
이 있다. '스워브'는 미식축구에 나오는 단어인데, 직진하는 대
신 왔다 갔다 하면서 나아가는 걸 의미한다. 러브그로브는 이 책
에서 성공적인 커리어를 가진 사람을 분석한 다음 어떻게 커리어
를 쌓아야 일을 잘할 수 있을지에 대해 이야기한다. 요약하면, 성
공적인 커리어를 위해서는 한 우물만 파는 대신에 이 우물, 저 우
물을 파야 한다는 것이다.

　책을 자세히 살펴보면, 커리어에 일관성이 없고 중구난방인
격인 사람들이 많은 성공을 이루어냈다. 변호사를 하다가 기업에

들어가고, NGO에서도 일을 하고, 또 다른 분야에서 자기 사업도 해보는 식이다. 한 사례에서는 미국의 한 자동차 기업을 성공적으로 구조 조정한 사람이 자동차 분야에서 한 번도 일을 해보지 않았다는 사실이 등장한다.

성공의 이유가 뭘까? 무슨 일이든 과정은 비슷하기 때문이다. 진단하고, 핵심을 추려내고, 전략을 세운 다음 거기에 맞는 자원을 재배치하고, 꾸준히 하면서 주기적으로 확인하는 등 어느 일에서나 핵심적인 과정은 비슷하다. 저자는 성공적인 커리어를 위한 역량 가운데 가장 중요한 것으로 '문해력'을 꼽는다. 이는 텍스트를 읽고 핵심을 추리는 능력, 좋은 질문을 던지고 잘 듣고 전체적으로 상황을 파악하는 능력이다.

닉 러브그로브 교수는 한 우물만 판 전문가의 문제점을 다음 세 가지로 지적했다.

첫째, 전문성의 가치는 과대평가되고 폭넓은 경험의 중요성은 과소평가되어 왔다. 어려운 문제를 예측하거나 해결하는 데 전문가가 뛰어날 것이 없다는 건 이미 검증된 사실이다. 때로는 보통 사람보다 못하다. 우리 운명을 전문가 손에 맡겨놓으면 불행한 일이 자주 벌어진다. 예컨대 엔론 파산, 글로벌 경제 위기,

닙 워터 호라이즌 호의 석유 유출 사태 등에서 이런 사실을 알 수 있다.

둘째, 복잡하고 다차원적인 문제는 넓은 시야로 접근해야 한다. 좁고 깊은 전문화로는 복잡하고 다층적인 문제를 해결할 수 없다. 전쟁과 평화, 테러, 빈곤, 소득 불평등, 기후변화, 교육, 건강 같은 문제는 자신의 레인에서만 왔다 갔다 하면서 수영하는 좁은 시야의 전문가는 해결할 수 없다. 전 세계 정치 지도자 절반 이상이 인간과 사회를 심도 있게 다루는 인문학 또는 사회과학 전공자다. 다시 말해, 비즈니스 리더의 가장 중요한 능력은 분석하고 소통하고 글 쓰는 능력, 즉 인문학적 능력이다.

셋째, 외골수의 삶을 살아온 전문가는 정신적 수갑에 매여 있다. 리더십의 핵심 중 하나는 상황 파악 능력이다. 도대체 무슨 일이 일어나고 있는지, 어떤 문제가 있고 문제 원인이 무엇인지, 어떤 일부터 손을 대야 하는지, 해야 할 일과 하지 말아야 할 일이 무엇인지 구분할 수 있어야 한다. 특별한 일이 아닌 것 같지만 지식과 지혜의 정점에 있어야 할 수 있는 일이다. 정신적 수갑을 끊어내지 못한 사람은 전체적인 시각으로 상황을 파악할 수 없다.

조직의 꽃은 사업부장이다. 만약 당신이 신규 사업부장이 되었다면 어떻게 상황을 파악하겠는가? 정답은 없지만, 실제 한 대기업의 유능한 사장에게 들었던 이야기를 소개한다.

우선, 회사의 역사를 정리해야 한다. 사업을 어떻게 시작했고, 그동안 어떤 과정을 밟아왔는지 살펴본다. 역사를 알아야 미래를 알 수 있기 때문이다.

다음은 대관소찰大觀小察이다. 크게 숲을 보고 나중에 디테일을 보는 것이다. 반대로 하면 상당히 곤란하다. 어떤 이는 디테일만 보느라 전체 그림을 보지 못한다. 회사 내부의 이야기만 듣지 말고 외부 협력 업체와 애널리스트 말까지 들어야 한다. 고객의 소리는 빼놓고 내부 직원들끼리 칭찬하고 자랑하는 행위는 조심해야 한다.

나아가 다른 업종도 살핀다. 같은 업종보다는 다른 업종에서 문제에 대한 답을 얻을 수 있는 경우가 많기 때문이다. 다른 업종도 적극적으로 벤치마킹할 수 있어야 한다.

가장 중요한 건 무슨 일이든 객관적인 상황 파악이다. 상황을 정확하게 파악해야 다음 프로세스를 진행할 수 있기 때문이다. 이때 핵심은 다양한 시각 확보다. 여러 방면으로 살펴보고, 고객 입장에서도 보고 애널리스트 입장에서도 보는 것이다. 그러면 객관성을 확보할 수 있다.

다양한 시각을 가지고 상황을 전체적으로 파악할 수 있으려면 여러 우물가를 뛰노는 사람이어야 한다. 유능한 리더는 반드시 여러 우물가를 거쳐온 사람이다. 우물 안 개구리는 자신이 처한 상황을 제대로 알지 못한다. 한 우물에서만 노는 개구리는 좁은 소견만 낼 수 있다. 이때 발휘되는 좁은 소견에 의한 결정은 미래를 망칠 가능성이 높다. 좁은 시야에서 벗어나는 방법을 몇 가지 소개한다.

첫째, 도덕적 나침반을 준비하라. 하고 싶은 일이 너무 많다면 어떻게 해야 할까? 이해관계가 상충하거나 윤리적 딜레마에 빠졌을 때 어떻게 해야 할까? 그때 필요한 것이 도덕이라는 확실한 나침반이다. 아주 간난하다. 이 일이 옳은 일인지, 아닌지를 생각하는 것이다. 일본의 유명 첨단 전자부품 제조업체 교세라의 이나모리 가즈오 회장이 가장 강조하는 것이 바로 이것이다. 도덕적 기준이 제대로 지켜지면 나머지가 다소 엉성해도 문제가 되지 않는다. '당신이 하려고 하는 일이 옳은 일인가?'는 가장 먼저 던져야 할 질문이다.

둘째, 지식의 중심축이 필요하다. 잘 알지도 못하면서 잘 안다고 착각할 때 비극이 일어난다. 자기 확신을 조심해야 한다. 늘 자신이 틀릴 수도 있다는 생각을 해야 한다. 튼튼한 지식의 중심

축에 폭넓은 경험이 뒷받침될 때 성공 확률이 높아진다. 특히 기술 분야는 더 하다. 오늘날에는 기술을 모르면 의사 결정을 하기 어려운 경우가 많다.

셋째, 스스로를 객관적으로 볼 수 있어야 한다. 일을 잘하기 위해 필요한 스킬은 이루 말할 수 없을 정도로 많다. 문제 해결을 위한 '왓 스킬What skill', 변화를 추진할 수 있는 '하우 스킬How skill', 의욕을 불어넣고 팀을 이끄는 후 스킬 'Who skill' 등이 필요하다. 그중 가장 중요한 건 자신을 객관적으로 평가하고 스스로를 관리하는 기술이다. 바로 '주제 파악'이다.

넷째, 인적 네트워크를 확장하라. 비슷한 사람끼리 이야기를 나누는 건 위험하다. 네트워크를 확장하고 이를 적극 활용할 수 있어야 한다. 폭넓고 협업 지향적인 방식으로 문제를 해결할 수 있어야 한다. 자신과 비슷한 생각을 하는 사람 대신에 다양한 사람과 팀을 구성하고, 폭넓은 커리어를 가능하게 해주는 네트워크를 구축해야 한다.

다섯째, 상황 지능을 길러라. 현장에서는 매 순간 예상하지 못한 새로운 문제가 발생한다. 이때 리더는 유연하고 민첩한 자세로, 새롭고 낯선 상황을 빠르게 파악하고, 거기에 따라 접근 방법이나 언어를 조정해야 한다. 즉, 처한 상황마다 가장 적합한 방

리더란 무엇인가

법을 찾아낼 수 있어야 한다. 이런 능력이 '상황 지능'이다. 리더는 상황 지능을 끊임없이 개발해야 한다. 더욱이 빠르고 다양한 변화가 동시다발적으로 이루어지는 오늘날, 상황 지능의 정도가 곧 리더의 능력을 결정한다.

글로써
당신을 증명하라

국회의원이나 대통령 선거 때마다 많은 의문이 생긴다. 그 사람이 어떤 사람인지 전혀 모르는 상태에서 표를 던질 수밖에 없기 때문이다. 조직에서 누군가를 평가하고 보상할 때도 비슷한 생각이 든다. 조직에서 알고 있는 것은 그 사람의 과거뿐이고 잠재력, 승진 후의 비전이나 포부 등은 알기 어렵기 때문이다.

승진한 다음에도 자칫하면 과거 습관대로 조직을 이끌면서 조직을 위험에 빠뜨릴 수도 있다. 우리는 사람으로 인한 리스크를 너무 많이 경험한다. 어떻게 하면 그런 리스크를 줄일 수 있을까? 내가 생각하는 대안은 바로 글쓰기다. 조직의 미래에 관해 그 사람의 철학에 대한 글을 쓰게 하고 그 글을 보면 리스크를 줄일 수 있다.

글은 바로 그 사람이다. 쓴 글을 보면 그 사람이 어떤 사람인지 짐작할 수 있다. 그런 면에서 승진이나 투표에 글쓰기가 포함되면 좋겠다. 다양한 이슈에 대해 자신의 생각을 적는 글을 쓰게 하고 이를 다른 사람과 공유하면 어떨까? 위로 올라갈수록 글을 쓸 수 있어야 한다. 말은 물론 글로 자기 생각을 정리해 사람들과 공유할 수 있어야 한다. 그런데, 왜 글을 써야 할까?

첫째, 설득하기 위해서 글을 쓴다. 글쓰기는 사람을 설득하는 최고의 도구다. 최고의 리더는 사람을 설득하고 조직을 이끌기 위해 글을 쓴다. 사람들에게 자신이 무슨 일을 하는지 글로써 이해시키고 그들의 지지를 얻는다. 중요한 메시지일수록 전달하는 방식이 중요하다. 때로는 말보다 글을 통해 전달하는 게 효과적이다. 당신은 구성원을 위해 글을 쓰고 있는가? 그런 사람도 있고 그렇지 않은 사람도 있을 것이다. 권위적이고 수직적인 조직의 리더는 글을 쓰지 않는다. 아니 쓸 필요가 없다. 그들에게 직원은 자기 명령을 수행하는 존재이지 공감을 얻고 설득해야 할 대상이 아니기 때문이다. 공감과 동의를 얻고 싶은가? 그럼 글을 써보라.

그리고 그 글을 구성원들과 공유해 보라.

둘째, 판단을 위해 글을 쓴다. 리더의 핵심 역량 중 하나는 판단력이다. 잘나가던 기업도 판단 한번 잘못하면 위험해질 수 있다. 글쓰기를 통해서 판단력도 키울 수 있다. 미국 헤지펀드 브리지워터 어소시에이츠의 레이 달리오Ray Dalio 회장이 그렇다. 그의 글쓰기는 2008년 금융 위기 때 빛을 발했다. 당시 다른 회사들은 30퍼센트 정도의 손실이 났는데 이 회사는 14퍼센트라는 기록적인 수익률을 냈기 때문이다. 그의 철학은 다음과 같다.

"수많은 데이터를 통해 나만의 이론을 만든다. 이를 적용하면서 이론을 검증하고 끊임없이 수정 보완한다. 데이터를 근거로 판단하고 데이터를 통해 사후 검증한다. 투자를 결정할 때 왜 이 시점에 이 상품을 선택했는지 근거를 기록으로 남긴다. 거래를 마친 다음에는 투자 성과가 어땠는지 기록한다. 그냥 잃었다 땄다가 아니라 예상했던 수준은 얼마인데 어떤 수준으로 땄는지, 이유가 무엇이었는지를 기록하고 분석한다."

한마디로 그가 글을 쓰는 이유는 경기의 득점을 기록하기 위한 게 아니다. 자신의 판단이 얼마나 정확했는지 분석하기 위해서다. 그는 글쓰기를 통해 판단력을 키워왔고 앞으로도 계속 글을 쓸 것이라고 말했다.

셋째, 글쓰기는 최고의 브랜딩 수단이다. 글쓰기는 자신과 자기 조직을 세상에 알리는 최고의 브랜딩 도구인 것이다. 나이키 창업자 필 나이트Phil Knight는 2006년 스탠퍼드대학에서 60대 후반의 나이에 글쓰기 수업을 들었고 이를 바탕으로 자서전《슈독Shoe Dog》을 집필한다.

주인공이 직접 쓴 글은 힘이 세다. 돈만으로 회사의 브랜드 이미지를 쌓을 수는 없다. 유명한 것과 신뢰, 존경, 명예는 전혀 다르다. 든든한 무형자산이 있으면 이를 지렛대 삼아 유형자산을 얻을 수 있다. 막대한 부를 가지고 있는 기업인이 기꺼이 시간을 들여 글을 쓰는 이유는 브랜드가 부를 늘리는 강력한 지렛대가 될 수 있다는 사실을 알기 때문이다. 가진 게 없다면 말할 것도 없다. 세상이 나를 알아주지 않는다고 분한 마음을 갖고 있는가? 그렇다면 글을 써야 한다.

넷째, 상품을 팔기 위해 글을 쓴다. 최고의 리더는 자신의 상품을 팔기 위해 글을 쓴다. 글쓰기는 최고의 마케팅 도구다. 세 가지 이유 때문이다. 첫째, 비용이다. 글 쓰는 데는 돈이 들지 않는다. 둘째, 전문성이다. 글을 쓰는 일 자체가 해당 업종에서의 전문성을 기르는 일이다. 셋째, 신뢰다. 글은 믿음을 얻는 최적화된 도구다. 직접 쓴 글만큼 당신과 당신 상품을 잘 알릴 수 있는 방법은 없다. 글에는 세상을 보는 당신의 관점, 성품과 판단력, 지적 능력이 고스란히 담겨 있다. 진솔함을 담은 글쓰기만큼 신뢰를 주는 건 없다.

다섯째, 목표 달성을 위해 글을 쓴다. 당신의 목표는 무엇인가? 잘 모르면 글을 쓰면 된다. 글쓰기는 최고의 목표 달성 도구다. 자신의 현 위치와 목적지를 보여주는 최고의 내비게이션이다. 자리에 앉아 생각을 가다듬고 글을 쓰는 행동만으로도 원하는 목표에 훨씬 가까이 갈 수 있다.

일론 머스크Elon Musk는 목표 달성을 위해 글을 쓴 사람이다. 그는 글을 통해 자신의 전문 지식과 아이디어를 구체적인 사업 계획으로 발전시켰다. 일론 머스크는 태양에너지 관련 사업을 펼치는 솔라 시티를 창업하기 전에 〈태양광발전의 중요성〉이라는 논문을 써서 머릿속에 구체적인 사업 계획을 그렸다. 일반 배터리보다 백 배 이상 빨리 에너지를 전달하고 충전할 수 있는 에너지 저장 장치에 대한 글도 썼다. 지금의 테슬라는 하루아침에 만들어진 것이 아니다.

팀원들이 자기 마음대로 움직이지 않는다고 불평하는 리더를 참 많이 본다. 이게 누구 잘못일까? 자기 뜻을 올바른 방식으로 알리지 않은 리더의 잘못이 더 크다. 리더는 자신이 누구인지, 자신이 추구하는 가치와 방향이 어떤 것인지 정확하게 밝혀야 할 책임과 의무가 있다. 단, 말이 아닌 글로 먼저 밝히기를 바란다. 당신이 누군지 글로써 증명하라.

질문이 생기지 않는
보고서

조직에서 가장 많이 하는 일이 무엇일까? 어떤 사람이 인정받고
승진을 할까? 조직에서 일을 잘한다는 것의 정의가 무엇일까? 어
떤 사람이 일을 잘하는 사람일까? 좋은 리더는 보고서를 잘 쓰고,
보고를 잘한다. 말로 보고하든, 글로 보고하든 보고하는 걸 보면
그 사람이 어떤 사람인지 알 수 있다.

　나 역시 수없이 많은 보고서를 썼고 또 보고를 받았다. 내가
쓴 보고서 가운데 가장 기억에 남는 보고서는 〈도장품질 향상을
위한 벤치마킹〉이라는 제목을 단 보고서다. 오래전, 도장 공장
품질 문제 해결을 위해 스페인, 일본, 미국의 도장 공장을 돌아본

다음 보고서를 썼다.

당시 회사에 들어간 지 얼마 되지 않았던 나는 보고서를 어떻게 써야 할지 몰라 예전에 사람들이 써놓았던 보고서를 들춰 봤지만 마음에 드는 게 없었다. 할 수 없이 나름의 방식으로 보고서를 썼는데 간략하게 핵심만 썼다. 출장 목적, 관찰 결과와 향후 계획, 예산 계획 정도였다. 본문 분량은 A4 용지 세 장쯤 되었던 것 같다. 나머지 장표는 모두 첨부로 넣었다.

이 보고서를 사장님이 봤고 거기에는 이런 코멘트가 달려 있었다. "Very good report. 전 부서장 회람 요망." 상사는 내게 "까다로운 사장님이 이런 코멘트를 하는 일은 별로 없는데 한 박사가 보고서를 잘 쓴 것 같다"라고 말했다. 나는 내 입장이 아니라 상사 입장에서 생각했고 보고서를 작성했다. 시간 부족에 시달릴 상사가 알고 싶을 만한 것들만 정리해 요점만 작성한 것이다.

좋은 보고서란 어떤 것일까? 좋은 보고서는 처음부터 끝까지 읽으면서 이해가 되고 감탄이 나오며 질문이 남지 않는 보고서다. 그리고 전체 상황을 이해할 수 있게 만드는 보고서다. 보고서는 철저하게 상대방 중심으로 작성해야 한다. 예를 들어 현업에서의 일상적인 보고의 경우에는 기승전결 방식보다는 결론을 먼저 이야기하고, 그 결론에 이르게 된 이유와 상황 등을 뒤에 이야기하는 게 바람직하다.

보고서의 고객은 상사다. 상사 입장에서 그가 가장 중요하게 생각하는 것은 무엇인지, 무엇을 가장 알고 싶어 하는지, 어떤 질문을 할지 등을 생각해야 한다. 예상 질문도 미리 생각해야 한다. 좋은 보고서를 쓰려면 좋은 보고서를 많이 읽어야 한다. 그냥 읽는 것보다는 분해하고 다시 재구조화해 보면 좋다.

전체 개요를 요약해서 설명하는 사람이 있다. 문제점을 기능별로 뽑은 사람도 있다. 우선순위별로 문제를 뽑은 다음 접근하는 사람도 있다. 중요한 건 상사 입장에서 보는 것이다. 문제가 무엇인지를 잘 정의하는 게 가장 먼저다. 확실하게 파헤쳐진 문제점은 반은 해결된 것이나 마찬가지이기 때문이다. 문제를 분석한 다음에는 어떤 데이터를 가지고 어떻게 접근할지 궁리해야 한다.

좋은 보고서란 내용이 좋은 것은 기본이고, 보기도 좋고 읽기에도 좋아야 한다. 하지만 속도를 요구하는 상황에서는 다르다. 그때는 핵심이 간결하게 들어가 있어야 한다. 모양새와 형식은 중요하지 않다. 즉, 때에 따라서 유연하게 보고서를 작성할 수 있어야 한다.

리더란 무엇인가

보고서 작성만큼 보고 요령이 필요하다. 때로는 다른 사람이 쓴 보고서를 가지고 상사에게 보고할 때가 있다. 이때 보고서를 보지 않고 핵심에 관해 설명할 수 있어야 한다. 보고서를 보면서 따라 읽는 것은 의미 없는 행동이다. 설명하는 속도는 상대가 읽는 속도를 쫓아갈 수 없다. 좋은 보고는 보고서를 덮고 이야기할 수 있는 것이다. 이는 핵심이 머릿속에 들어 있어야 가능하다. 이를 위해서는 보고서 초안을 자신의 방식으로 다시 구조화해야 한다. 보고 내용을 윗사람 입장에서 보고 그 시야에 맞춰 정리해야 한다.

본인의 시야가 아닌 윗사람 시야에서 생각할 수 있으려면 시야를 넓히고 높이는 일이 중요하다. 이를 위해서는 평상시에도 세심한 관찰이 필요하다. 상사와 이야기할 때 그대로 듣기보다 '저분은 이런 관점으로 문제를 보는구나', '저분은 이 문제를 이렇게 생각하는구나' 등과 같이 면밀하게 파악해야 한다. 회의나 대화 후에도 상사의 관점에서 재정립하는 과정이 필요하다. 그렇게 답을 구하면 시야도 넓어지고 깨닫는 점도 생긴다.

중요한 건 상사가 보고를 받는 동안 어떤 것에 관심을 가졌고, 어떤 질문을 했는지를 기억한 다음 계속해서 그 이유를 생각하는 것이다. 본인이 생각한 큰 방향과 무엇이 다른지를 대입해 보고 업데이트를 할 수 있다. 질문을 분석해 보면 그 사람의 관심도와 중요도를 알 수 있다. 그러면 그 생각에 맞춰 사업을 운영할수도 있고 상사가 원하는 보고서를 쓸 수 있다. 보고서는 자신의생각을 정리해서 전달하는 동시에 상사의 관심을 정리해서 만드는 자료이기도 하다.

권한은 받는 것이 아니라
빼앗는 것이다

리더십 교육에 빠지시 않고 등장하는 메뉴가 임파워먼트em-powerment다. 임파워먼트란 구성원에게 책임과 권한을 배분하는 것이다. 상사는 구성원에게 임파워먼트를 했다는데 구성원은 받은 적이 없다고 답한다. 도대체 누구 말이 맞는 걸까? 준 사람은 있는데 왜 받은 사람은 없을까? 주기는 준 것일까, 아니면 주는 척만 한 건 아닐까? 주지 않았다면 왜 주지 않았을까? 이는 과연 누구의 잘못일까?

임파워먼트는 상사가 주는 게 아니라 빼앗는 것이다. 대부분 상사들은 일에 치여 죽을 지경이다. 대부분은 임파워먼트를 하고 편하게 일하고 싶어 한다. 일부 직원들의 성장이 두려운 쩨쩨한 상사들이 있지만 예외적이다.

대부분의 상사는 임파워먼트를 하고 싶어 한다. 그런데 그럴 수가 없다. 왜 그럴까? 직원이 미덥지 못하기 때문이다. 왜 미덥지 못할까? 직원이 그때까지 보여준 결과와 성과가 미덥지 못하기 때문이다. 임파워먼트는 상사의 일을 자기 능력으로 빼앗는 것이다. 먼저 신뢰를 보여 상사가 하는 일을 빼앗아라. 임파워먼트를 하지 않는다고 불평하는 대신 신뢰를 얻기 위해 애를 써라.

여기서 중요한 건 순서다. 임파워먼트가 먼저일까, 아니면 신뢰가 먼저일까? 일의 긴급성과 중요도에 따라 달라져야 한다. 이게 임파워먼트의 핵심이다. 가볍고 별것 아닌 일은 쉽게 임파워먼트 할 수 있지만 중대하고 긴급한 일은 함부로 임파워먼트 할 수 없다. 그러다 중요한 일이 잘못되면 그 영향이 크기 때문이다.

즉, 임파워먼트를 할 때 가장 먼저 생각할 것은 일의 중요도와 긴급성이다. 그다음은 신뢰도다. 신뢰도는 품성과 전문성으로 나눠 생각할 수 있다. 품성은 사람의 됨됨이고, 전문성은 그 일을 제대로 해낼 능력을 갖추고 있는지에 관한 것이다. 예컨대 남편을 신뢰해도 비전문가인 남편에게 심장 수술을 맡길 수는 없는 법이다.

리더란 무엇인가

임파워먼트는 리더십의 핵심이다. 임파워먼트를 제대로 이행해야 조직이 자율적으로 움직인다. 그런데 왜 임파워먼트가 중요할까? 임파워먼트는 지시만 기다리던 사람을 생각하는 사람으로 변화시킨다. 믿어주면 팀원은 자율성을 발휘한다. 자율성이 강한 조직은 생산성이 올라간다. 관리는 순종 위에 있고 리더십은 임파워먼트 위에 있다.

다른 사람들은 임파워먼트에 대해 어떻게 생각할까. 청바지로 유명한 리바이스의 회장이었던 로버트 하스Robert Hass의 말이다.

"솔직히 기분 좋아서가 아니라 직원의 재능을 자유롭게 펼치도록 하는 것과 사업의 성공 사이에 밀접한 관계가 있다고 생각하기 때문에 권한을 위임한다. 무한 경쟁 시대에 기업이 변화에 재빨리 반응하려면 고객과 가까이 있는 사람들의 손에 책임과 권한, 정보를 주는 것은 당연하다."

미라이 공업 창업주인 야마다 아키오는 임파워먼트와 관련해 다음과 같이 말했다.

"나는 무대에서 인생의 모든 것을 배웠다. 막이 오르면 연기는 배우에게 맡겨야 한다. 그렇지 않으면 배우는 성장하지 못하고 성장하지 못하면 연극은 망한다. 기업도 마찬가지다. 막이 오르면 경영자는 사원이라는 배우에게 모든 걸 맡겨야 한다. 사원 스스로가 감동해 열심히 하지 않으면 기업은 성장하지 못한다."

어떻게 하면 임파워먼트를 잘할 수 있을까? 무엇보다 채용이 중요하다. 사람을 잘 뽑아야 한다. 그 일에 맞는 사람을 배치해야 한다. 핵심은 '불신물용 용인필신不信勿用 用人必信'이다. 믿지 못하면 쓰지 말고, 일단 사람을 쓰기로 했으면 믿으라는 것이다. 리더는 눈이 밝아야 한다. 지인지감知人之鑑이 있어야 한다. 인재를 선발하는 데 가장 많은 시간을 투자해야 한다.

철강왕 앤드루 카네기Andrew Carnegie가 그런 사람이다. 그의 묘비명에는 이렇게 쓰여 있다. "자기보다 더 똑똑한 사람의 도움을 구하는 방법을 알고 있었던 사람 여기 잠들다."

광고계의 신화 데이비드 오길비David Ogilvy 또한 이렇게 말했다. "우리 회사에서 새롭게 관리직에 임명된 사람들에게 항상 러시안 인형을 보냅니다. 만약 그가 호기심을 갖고 끝까지 열면 다음과 같은 쪽지를 발견할 수 있을 것입니다. '만약 우리가 자신보다 작은 사람만을 고용한다면 우리는 꼬맹이 회사를 만들 것입니다. 하지만 우리보다 큰 사람을 고용하면 거인 회사를 만들 수 있을 겁니다.'"

임파워먼트를 잘할 수 있는 두 번째 방법은 관찰이다. 관심을 갖고 그가 어떤 사람인지를 잘 관찰하는 것이다. 단점보다는 강점을 보면서 순차적으로 임파워먼트를 해야 한다. 그리고 만약 실패해도 이를 받아들일 수 있어야 한다. 처음부터 완벽한 사람은 없기 때문이다. 분명한 목표를 정해주고, 일에 대한 피드백을 끊임없이 해야 한다. 피드백을 통해 성장할 수 있기 때문이다. 무엇을 잘했고, 무엇이 부족했는지를 들으면서 당사자는 방향 수정을 할 수 있다. 그 사람에게 맞는 도전적인 일을 주는 것도 필요하다. 그의 강점이 최대한 발휘될 수 있도록 하는 것이 바로 리더의 역할이고 임파워먼트다.

잭 웰치는
영원하다

오래되기는 했지만 리더십 하면 연상되는 인물이 잭 웰치다. 1981년 GE에 취임할 당시 시가총액 140억 달러에 불과하던 기업을 2001년 퇴임 당시 4600억 달러의 기업으로 키워냈다. 웰치즘Welchism이라는 신조어가 나올 정도로 그가 경영에 미친 영향은 지대하다. 그의 위상은 타의 추종을 불허하며 경영인으로서 거둔 신화적인 업적에 대한 책과 보고서는 지금도 끊임없이 나오고 있다. 경영의 대가인 잭 웰치의 리더십을 살피고 내 것으로 만들면 어느 정도 리더의 반열에 오를 수 있다. 그의 성공 요인 몇 가지를 살펴보고 이를 우선으로 따라 해보라.

첫째, 사실을 사실대로 볼 줄 알았다. 잭 웰치는 근거 없는 낙관주의자도 아니었고, 그렇다고 소심하고 꼼꼼한 보수주의자도 아니었다. 사실을 사실대로 보면서 상황에 맞서겠다는 것이 그의 철학이다. 회장을 맡으면서 그가 한 이야기다.

"1등, 2등이 아니면 살아남을 수 없는 것이 시장이다. 하지만 GE는 너무나 평온했다. 두터운 관료주의가 그들을 감싸고 있었다. 관료주의는 시장 감각을 무디게 만들었다. 나는 현실 인식의 중요성을 강조했다. 하지만 현실을 직시한다는 것은 간단해 보이지만 그렇지 않다. 나는 GE에 혁명이 필요하다고 느꼈다. 분명한 것은 그곳에 모인 사람들을 통해서는 어떤 변화도 가져올 수 없으리라는 것이었다. 겉으로는 서로 친밀하고 아무런 갈등도 없는 척하지만 그 이면에 불신과 불만이 가득한 피상적인 일체감 속에서 지냈다. 조직에서 최고의 성과를 내기 위해서는 직위, 업무에 상관없이 좋은 아이디어를 끊임없이 자유롭게 주고받을 수 있어야 한다. 스웨터 네 개를 껴입으면 바깥 날씨를 알 수 없다."

둘째, 리더십에 대한 이해가 깊은 사람이었다. 리더십은 자신에 대한 이해, 사람에 대한 이해에서 출발한다. 사람이 언제 분노하는지, 어떻게 해야 열심히 일을 하는지, 성과가 나지 않는 사람을 어떻게 해야 하는지 등을 이해하는 것이 리더십이다. 리더십을 어디서 배웠냐는 질문에 대한 그의 답이다.

"단체경기를 통해 배운 것 같다. 학창 시절에 미식축구, 아이스하키 같은 스포츠에 푹 빠져 있었다. 심지어 운동 특기생으로 대학에 갈 생각을 했을 정도다. 단체경기를 하다 보면 많은 교훈을 얻는다. 좋은 선수를 채용하는 것이 얼마나 중요한지, 선수들 사이의 팀워크가 어떻게 만들어지고 커뮤니케이션을 어떻게 해야 하는지, 실력이 부진한 선수와 잘하는 선수를 어떻게 차별화해야 하는지, 좋은 선수를 데려오기 위한 방법은 무엇인지 등등. 사실 기업 운영은 스포츠 경기와 유사한 점이 많다. 나는 스포츠를 하면서 리더십에 대해 이해가 깊어졌다."

셋째, 빠른 의사 결정이다. 리더는 의사 결정이 직업이다. 리더의 가장 중요한 역할은 올바른 결정을 제때 하는 것이다. 그는 어려운 의사 결정을 잘한 덕분에 훌륭한 경영자가 되었다. 어떻게 이런 걸 배웠을까.

"아이스하키 경험에서 연유되었다. 퍽이 날라오는데 언제 협의를 하고 커뮤니케이션을 하는가? 본능적으로 당사자가 생각해 결정할 수밖에 없다."

넷째, 인재의 중요성을 절감하고 이를 실천했다. 그의 인사

정책은 확고하다. 고과는 가차 없이, 보상은 두둑하게 하는 것이다. "경영자의 역할은 정원사와 같다. 한 손에는 비료를, 다른 한 손에는 물을 들고 직원이라는 꽃이 활짝 피도록 해야 한다. 잘 자라는 꽃은 더 크도록 돕고, 그렇지 않은 꽃은 잘라내는 것, 그것이 경영이다." 그의 또 다른 인사 철학이다.

"언제 어디서 능력 있는 사람을 만나게 될지 알 수 없다. 따라서 나는 항상 모든 사람과의 만남이 하나의 인터뷰라고 생각했다. 나는 인사 회의를 무척 강조했는데 그 이유는 차별화 때문이다. 물건을 만들 때 우리는 편차를 줄이기 위해 노력한다. 하지만 사람에게 있어서는 능력의 차이가 곧 모든 결정의 기준이 된다. GE 리더십의 기준은 4E다. 에너지energy, 목표를 달성하기 위해 다른 사람들에게 활력을 불어넣을 수 있는 능력energize, 까다로운 의사 결정 과정에서 예와 아니오를 분명하게 말할 수 있는 결단력edge, 자신의 약속을 행동으로 옮길 수 있는 실행력execute이다.

나는 또 하위 10퍼센트에 속하는 사람들을 그만두게 했다. 사람들은 이 일을 잔인하다고 말했지만 나는 달리 생각한다. 내가 생각하는 잔인하고 거짓된 친절은 스스로 발전하기 위해 노력하지 않는 사람을 회사에 계속 붙잡아 두는 것이다. 진정으로 잔인한 것은 그들이 나이가 들어 직업을 선택할 수 있는 기회가 줄어

들고 자녀들이 성장해 교육비가 엄청 들 때를 기다렸다가 그때서야 회사를 그만두게 하는 것이라고 생각한다. 왜 사람들은 대학 졸업 후에는 성과에 대해 평가를 받으려 하지 않는 것일까? 평가는 삶의 한 부분이다."

잭 웰치가 없는 지금의 GE는 예전의 모습과는 많이 다르다. 하지만 그가 보여준 리더십은 오늘날에도 유용하다. 잭 웰치가 주는 메시지는 명확하다. 자신에 대한 이해, 사람에 대한 이해, 사업에 대한 이해, 현실을 현실 그대로 보는 것 등이 그렇다.

리더,
가치를 만들어내는 존재

인간은 왜 존재할까? 기업의 존재 이유는 무엇일까? 인간은 존재 그 자체로 가치가 있다고 한다. 그렇다면 기업도 그럴까? 반드시 그렇지는 않다. 어떤 기업은 사라져 주는 게 도움이 된다. 요즘같이 ESG의 비중이 높아지는 시대에는 더욱 그렇다.

　리더의 위치에 있는 사람은 가치에 대해 생각을 정리해야 한다. 우리 조직은 도대체 사회적으로, 국가적으로 어떤 가치를 창출하는가에 대해 확실한 답을 할 수 있어야 한다. 부는 무엇이며 가치는 어디에서 오는 걸까? 누가 가치를 창조하고 누가 가치를 착취할까? 이와 관련해 마리아나 마추카토가 쓴 책《가치의 모든 것》의 내용을 요약하며 소개해 본다.

가치와 관련해서 두 가지를 이야기할 수 있다. 바로 가치 창조value creation하는 조직과 가치 착취value extraction하는 조직이다. 가치 창조는 자원을 활용해 새로운 재화와 서비스를 생산하는 활동이고, 가치 착취는 자원을 이전하고 거래하는 과정에서 부당하게 높은 이득을 취하는 것이다. 오늘날 경제에서 가치의 개념은 가치 착취가 가치 창조의 가면을 쓰고 부를 착취하기 쉽게 만들었다. 돈을 많이 번다는 것이 곧 많은 가치를 만드는 것은 아님을 명심해야 한다. 몇 가지 사례를 살펴보자.

2016년 영국 백화점 BHS가 파산한다. 이 백화점은 1928년 설립됐고 2004년 필립 그린Philip Green에게 2억 파운드에 매각되었는데 그린은 이 백화점을 2015년 도미닉 차펠Dominic Chappell이 이끄는 투자 그룹에 1파운드에 매각한다. 그린 일가는 BHS의 경영권을 가지고 있던 동안 BHS에서 5억 8천만 파운드 규모의 배당 소득과 임대 소득, 그리고 이자를 챙겼다. 반면 BHS의 파산으로 1만 1천 명이 일자리를 잃었고 그린이 인수했던 2004년 당시 흑자였던 BHS의 연금 기금은 5억 7100만 파운드나 구멍이 났다.

그린과 차펠은 어떤 존재일까? 이들이 과연 무슨 가치를 만들 있을까? 이들은 구성원들이 가져가야 할 돈을 다 빼먹은 약탈자다. 그런데도 BHS의 경영권을 쥐고 있던 사람들은 그들의 행위를 가치 창출이라 여겼다.

2009년 골드만삭스 CEO 로이드 블랭크파인Lloyd Blankfein은 골드만삭스 직원들이 세상에서 제일 생산적인 사람이라고 말했다. 스스로를 가치 창출자로 여긴 것이다. 과연 그럴까? 이 회사는 바로 전해인 2008년 최악의 금융 위기를 일으킨 장본인이다. 미국 정부는 당시 골드만삭스 구제에 무려 1250만 달러를 썼다. 불과 1년 전에 이렇게 엄청난 규모의 구제금융을 받은 조직이 그런 말을 한다는 사실이 기이하다.

미국 납세자의 돈으로 은행 시스템 붕괴를 막았음에도 이들의 위험한 투자 활동은 그 뒤로도 이어졌다. 골드만삭스는 2009~2016년 사이 매출 2500억 달러, 순익 630억 달러를 달성했다. 경영진은 엄청난 연봉을 챙겼다. 그들이 과연 그럴 자격이 있을까?

1970년대까지만 해도 금융은 새로운 부를 창출하는 게 아니라 이미 존재하는 부를 이전하는 분배의 용도로 여겨졌다. 금융 활동은 새로운 무언가를 산출하지 않는 비생산적 활동으로 간주

되었다. 하지만 금융에 대한 경제적 재평가와 이를 근거로 한 정치적 압력이 결합해 금융이 생산 활동으로 변모했다. 금융이 재화와 서비스의 순환을 촉진하며 생산적인 경제 활동이 가능하도록 돕는다는 게 주된 이유였다.

이런 금융적 사고와 함께 지난 30년 동안 금융은 급성장했다. 제조업, 비금융 서비스업까지 광범위하게 파고들며 실물 경제의 금융화를 가속화했다. 이를테면 비금융 기업인 자동차 회사가 고객이 자동차를 살 때 자금을 빌려주는 사업에 뛰어드는 것이다. 이 자체가 가치를 착취하는 것은 아니다. 하지만 이런 금융화는 기업의 행동에 근본적인 영향을 미친다. 독점력과 구제금융의 암묵적인 보장으로 크게 부풀려진 금융 분야의 높은 수익성이 금융 외의 부문에서 압력으로 작용해 의사 결정과 지배 구조에 영향을 미치기 때문이다.

자사주 매입이 대표적이다. 자사주 매입은 기업이 자사주 일부를 현재의 주주에게서 사들이는 것이다. 이러면 주식 수가 줄어들기 때문에 주당순이익이 올라가고 주가도 단기 부양을 할 수 있다. 그런데 이게 누구에게 도움이 될까? 주가 상승으로 가장 큰 이익을 보는 건 스톡옵션을 가진 경영진이다. 가치 창출처럼 보이지만 사실은 가치 착취다. 이렇게 가치를 착취하는 활동에 큰 보상이 따르는 일들이 경제 위기를 촉발했다.

무슨 일을 할 때 가장 먼저 할 일은 그 일에 대해 정확하게 정의하는 것이다. 그 정의가 곧 가치다. 기업이나 개인이나 가치를 내고 싶어 한다. 스스로 가치가 있다고 생각한다. 그런데 가치 역시 재정의가 필요하다. 내가 가치 있는 활동을 하고 있다고 스스로 주장하는 것은 무용하다. 이는 철저히 다른 사람의 몫이다.

《가치의 모든 것》의 저자 마리아나 마추카토는 가치와 관련해 크게 세 가지로 정리한다. 첫째, 가치 착취를 가치 창출로 포장하는 일을 경계해야 한다. 둘째, 가치가 가격이 아닌 가치에 따라 결정될 수 있도록 가치 분석을 제대로 해야 한다. 셋째, 정책 결정자일수록 가치에 대한 개념을 정확히 인지해야 한다. 그래야 더 스마트하고 더 지속 가능하고 더 포용적인 성장이 가능하다는 것이다.

당신은 리더로서 어떤 가치를 만들어낼 것인지 생각해야 한다. 당신이 만들어내는 가치가 곧 리더로서의 당신의 가치다.

2장

Notes for
Growing Leaders

리더는 통찰력을 바탕으로 명쾌한 비전을 제시할 수 있어야 한
다. 비전은 미래 지향적인 그림이다. 미래를 현재로 끌어오는 것
이 바로 비전이다. 상상하고 실행 가능한 비전을 제시해야 리더
다. 비전을 주기 위해서는 객관성을 확보하는 상황 파악 능력이 필
수다. 별것 아닌 것 같지만 지식과 지혜의 정점에 있어야 가능하
다. 학습하고 또 학습하라.

두 개의 암초
사이를 걸어가다

에이미는 경영 컨설팅 회사에서 일하다가 소비 제품을 만드는 회사에 들어갔다. 그녀는 처음부터 스타 직원으로 주목을 받았고 2년 남짓한 시간 안에 팀장이 되었다. 그리고 뛰어난 재능과 실적을 인정받아 마침내 임원으로 승진했다.

그녀가 주요 제품 라인 두 곳을 책임지는 중책을 맡은 지 4개월이 지났다. 그녀는 갈수록 버거움을 느꼈다. 점점 늘어나는 업무를 감당하기 위해 일하는 시간을 늘렸지만 모든 세부 사항을 파악할 수 없는 상황이 되었다. 번번이 예상과 어긋나는 결과가 빚어졌고 그로 인해 생긴 문제를 또다시 해결해야 했다. 에이미

리더란 무엇인가

의 상사는 그녀를 걱정하기 시작했다. 상황이 안 좋아지고 실적이 계속해서 떨어지는 사실을 의아해하며 너무 빨리 임원으로 승진시켜 능력에 맞지 않는 자리를 맡긴 게 아닌가 하고 의심하기에 이르렀다.

앞의 사례처럼, 리더십 전문기관 창의적 리더십 센터Center for Creative Leadership의 조사에 따르면, 신임 임원의 40퍼센트가 18개월 안에 실패한다. 역할 변화에 실패했기 때문이다. 실패한 임원의 전형은 이러하다. 예전 역할을 그대로 반복한다. 대부분 시간을 내부에서 보낸다. 모든 문제를 일일이 지시한다. 그런데 업무 범위도 직원의 숫자도 늘어났기 때문에 당연히 시간 부족 현상이 일어난다.

간섭을 싫어하는 일부 팀원과는 마찰이 빚어진다. 잘 아는 분야 외에는 업무 파악이 되지 않아 상사의 질문에 제대로 답하지 못한다. 결과적으로, 성과는 나지 않는다. 당신은 어떠한가? 조직에서 유능한 사람이 임원이 된다고 하지만 그 유능함이 오히려 발목을 잡을 수 있다. 열심히 앞만 보고 달려와 임원이 될 수 있었지만, 앞만 보고 옆을 보지 못한다는 점이 더 이상의 성장을 저해할 수 있다. 누구에게나 임원으로의 승진은 미지의 세계이고 첫 경험이다. 미지의 세계를 건너기 위해서는 네 단계를 거쳐야 한다.

첫째, 무의식적 무능unconscious incompetence이다. 뭘 모르는지 모르는 상태다. 따라서 마음은 편하다. 둘째, 의식적 무능conscious incompetence이다. 자기가 모르는 사실이 있다는 사실은 인식한다. 모른다는 사실을 알기 때문에 알려고 하고 배우려 하고 변화하려 한다. 고통스럽지만 학습이 일어나고 역할 변화가 일어난다. 셋째, 의식적 유능conscious competence이다. 무엇을 알아야 할지는 안다. 하지만 의식해야만 알 수 있고 자연스럽지는 않다. 마지막은 무의식적 유능unconscious competence이다. 최고의 단계다. 아는 것이 몸에 밴 상태를 말한다. 신경 쓰지 않고 일을 해도 무리가 없고 자연스럽다.

리더는 '성과'와 '인간관계'라는 두 개의 암초 사이를 걸어가는 존재다. 그리고 이들 암초 사이에서 균형을 잡아야 한다. 그동안의 성과는 인간관계가 아니라 개인기가 뒷받침이 되었다. 이제부터는 다르다. 리더는 두 가지 모두를 뒷받침 삼아 성과로 보여줘야 한다. 단기적 성과가 아닌 지속적인 성과만이 리더의 자리를 보장한다. 이를 위해서는 동료, 상사, 전체 직원과 원만한 관계를 유지할 수 있어야 한다.

리더란 무엇인가

관계의 핵심은 자신감이다. 자신감이 있어야 다른 사람과 좋은 관계를 가질 수 있고 협력할 수 있다. 자신감이 사라지면 불안하다. 상황을 객관적으로 보지 못하고 삐딱하게 볼 수 있다. 열심히 일하는 직원도 순수하게 보지 못하고 자신의 경쟁자로 인식하는 실수를 범하게 된다. 이런 생각을 하면 도움이 된다. 리더가 되었다는 것은 이미 전문성에 있어서는 입증되었다는 것이다. 더 이상 전문성을 입증하려 하지 말라. 역할이 바뀌었고 새로운 역할에서도 성공하겠다는 마음이 중요하다.

새로운 역할은 바로 리더로서의 역할이다. 리더십을 발휘해야 한다. 배우는 자세를 통해 자신감을 획득해야 한다. 새로운 일, 새로운 팀과 일하는 것은 불편한 과정이다. 하지만 열린 마음을 가지면 자신감을 빨리 가질 수 있다. 자신보다는 자신이 이끄는 팀에 의존해야 한다. 팀원을 경쟁자로 인식하는 대신에 자신의 미래를 이끌어줄 동료로 인식해야 한다. 팀원의 성공이 나의 성공이라는 사실을 받아들여야 한다.

그렇다고 무조건 팀원에게 끌려가서는 안 된다. 때로는 자신의 직감을 믿어야 한다. 전체가 한 방향으로 가더라도 본능적으로 그 방향이 아니라는 생각이 들면 이의를 제기할 수 있어야 한다. 일대일 대화를 통해서도 할 수 있고, 회의 중에 당당하게 물어보는 것도 방법이다. 핵심은 균형이다. 리더로서의 우수함을 보여주려고 지나치게 나서면 구성원이 등을 돌릴 수 있다. 하지만 겁을 먹고 구성원을 방치하는 것도 답이 아니다. 두 암초 사이에서 잘 걸어가야 한다.

리 더 바 이 러 스 를
예 방 하 라

어떤 일이든 해야 할 일보다 하지 말아야 할 일을 먼저 생각해야한다. 조직에서도 그렇다. 대부분의 리더는 이러저러한 것을 하자고 이야기한다. 그럼 어떤 일이 벌어질까? 기존의 일에 새로운일이 추가되어 구성원들이 피곤해진다. 리더는 하지 말아야 할일을 먼저 찾아 이를 없애주고 남는 시간에 새로운 일을 해야 한다. 그런데 이 같은 리더의 역할보다 리더가 우선 조심해야 할 것이 있다. 바로 리더 바이러스다. 리더 바이러스에 감염되면 제대로 된 리더의 역할을 할 수 없기 때문이다.

미워하면서 닮는다는 말처럼, 저런 리더는 절대 되지 말아야 지라고 생각했는데 어느 순간 그와 닮은 사람이 되어 있는 자신을 발견할 때가 있다. 리더가 되면 예상하지 못한 변화들이 일어나기 때문이다. 이런 변화에는 먼저, 리더가 되면 보고 싶은 것만 보고 듣고 싶은 말만 들으려 하는 무감각증이 있다. 이렇게 되면 주변은 예스맨으로 포진된다.

또 비전보다는 다수의 인기에 영합해 일을 하려고 한다. 자신을 연예인으로 착각하는 것이다. 드라마 속 궁예처럼 관심법으로 의사 결정을 하려고도 한다. 척 보면 안다고 거만을 떠는 것이다. 짜증을 자주 표현하기도 한다. 심지어 본인은 회사를 걱정하고 열심히 일하는데 팀원들은 아무 생각도 없고 게으르다고 직원 흉을 습관적으로 볼 때도 있다. 이 모든 것이 리더 바이러스다.

리더 바이러스는 세 종류로 구분할 수 있다. 첫째, 비전Vision으로 인한 'V 바이러스'다. 리더가 되면 비전의 장미를 다루어야 하는데 거기에는 늘 가시가 따라다닌다. 비전이 크면 클수록 그만큼의 시련과 좌절도 커진다. 비전이 장밋빛 미래라면 가시는 가로막힌 현실이다. 리더가 내세운 비전에 대해 모든 구성원이 쌍수를 들어 "너무 좋아요"라며 환영하는 경우는 거의 없다. 오히려 여러 방법으로 뒷다리를 잡고, 비전에 대해 토를 다는 경우가 많다.

둘째, 권한Authority으로 인한 'A 바이러스'다. 리더가 갖고 있는 권한은 자칫하면 권력으로 변질되기 쉽다. 타인을 자기 마음대로 조절하려 하고, 실력보다는 충성도로 사람을 뽑고 배치한다. 그 결과 자연히 주변에는 복종적인 사람들만 있게 된다. 또한 자신의 생각이 항상 옳다고 생각하며, 다른 의견을 용납하지 않으려고 한다.

셋째, 책임Responsibility으로 인한 'R 바이러스'다. 리더가 되면 커다란 책임이 생긴다. 책임 바이러스는 직원에 대한 압박, 비전에 대한 짜증, 임무 회피, 책임 전가 등 다양한 형태로 나타난다. 비전과 조직에 대한 책임은 의무가 되고, 의무는 부담으로, 부담은 부채가 되면서 심한 갈등을 겪게 된다. "모든 것은 내가 책임진다"는 말속에는 "모든 책임은 내가 지니까 내 말대로 하라"라는 변질된 속성이 있을 수 있다. 그런 리더 옆에는 아무 책임도 지지 않으려는 팀원만이 존재한다. 물론 책임을 지는 것은 리더의 몫이다. 그러나 그 책임을 팀원과 나눌 수 있어야 한다. 책임을 나눈다는 것은 권한도 같이 나눈다는 것을 의미하기 때문이다. 이런 바이러스를 막기 위해서는 몇 가지 백신이 필요하다.

첫째, 기대하지 않는Don't expect '`D 백신`'이다. 기대가 크면 실망이 큰 법이다. 팀원에게 너무 큰 기대를 하지 말고 팀원들이 좋은 성과를 낼 경우 감사하면 된다. 리더가 되면 팀원에게 많은 기대를 하게 된다. 모든 사람이 당신을 좋아할 것을, 당신의 비전에 열광할 것을, 지시에 충성과 열정을 다할 것을 기대한다. 물론 적절한 기대는 필요하다. 하지만 적절한 수준이라는 것은 현재 당신이 생각하는 것보다 훨씬 낮은 수준일 것이다. 마음의 문은 열되 과도한 기대를 하지 않아야 한다.

둘째, '나도 변질될 수 있다I shall be Spoiled'를 인정하는 'S 백신'이다. 높은 자리에 올라가더니 사람이 변했다는 이야기를 자주 듣는다. 리더는 변할 수 있다. 아니 변해야 한다. 과도한 업무, 달라진 만남과 역할이 그렇게 만든다. 하지만 교만은 조심해야 한다. '더 이상 배울 게 없다', '누가 감히 내 잘못을 지적할 수 있는가?'라는 생각을 하는 순간 패망의 길로 들어선다. 그래서 스스로 변질될 가능성을 인정하고 고백하는 일이 중요하다. 주기적으로 자신을 되돌아보고 개선할 점은 없는지 주변 사람에게 주기적으로 질문해야 한다. 순간의 자만이 자신을 타락시킬 수 있음을 인지해야 한다.

셋째, '언젠가 나는 죽는다I shall be Extinguished'는 사실을 인

정하는 'E 백신'이다. 리더는 늘 내려올 준비를 해야 한다. 씨앗이 죽어야 열매를 맺는다. 즉, 리더가 소멸해야 직원이 성장할 수 있는 것이다. 그래서 리더가 구성원에게 책임과 권한을 배분하는 임파워먼트가 필요하다. 임파워먼트를 해야 직원이 성장할 수 있고 리더 자신도 함께 성장할 수 있다. 그래야 리더가 떠난 후에도 조직이 영속성을 가질 수 있다.

모든 병의 시초는 감기처럼 별것 아닌 것에서 시작된다. 초기 바이러스를 무시했다 걸리고 그 감기가 큰 병으로 발전한다. 리더십도 마찬가지다. 리더 바이러스는 사실 별것 아니다. 조금만 주의를 기울이면 얼마든지 예방하고 치료할 수 있다.

리더의 결정이
조직의 운명을 결정한다

리더는 결정하는 직업이다. 쉬운 결정은 주로 실무자들이 내리기 때문에, 리더의 결정은 대부분 골치 아픈 결정이다. 이런 결정은 회사의 미래에, 수많은 직원에게 큰 영향을 줄 개연성이 높다. 그렇기에 리더는 그가 내린 의사 결정의 품질로 평가받는다. 실패 사례와 성공 사례를 보며 리더의 결정이 가져오는 결과에 대해 알아보자.

우선, 실패 사례를 살펴보자. 1994년 여름 콜로라도 중부 지역은 보기 드문 고열에 시달린다. 7월 2일 스톰 킹 산에서 불길이 솟기 시작했고 7월 4일에는 3에이커까지 번진다. 그때까지는 규모도 작고 속도도 느렸는데 7월 5일 소방대가 투입된다. 그리고 36시간도 되지 않아 14명의 소방대원이 사망한다. 사람 속도보다 훨씬 빠른 불길을 이기지 못한 것이다.

이 인재의 원인은 잘못된 결정이다. 무엇이 문제였을까? 우선 정보 부족이다. 이들은 24시간 공중 정찰을 요청했지만 거부당했다. 이 때문에 산불 전체의 모습을 보지 못했다. 가장 기본인 기상 파악도 하지 않았다. 방화선을 구축하는 과정에서도 실수했다. 규칙을 무시했던 것이다. 명확한 책임자도 없었다. 아무도 현장 상황을 제대로 파악하지 못했고, 산불이 지속적으로 폭발점을 향해 발전하고 있다는 사실도 알아차리지 못했다.

뒤늦게 상황을 알게 된 대원들은 안전지대를 향해 도망쳤지만 때는 이미 늦었고, 안전선을 불과 90미터를 남겨두고 죽음을 피할 수 없었다. 그들에게 빠르고 올바른 결정을 내려줄 리더가 있었더라면 비극을 피할 수 있지 않았을까?

다음은 성공 사례를 살펴보자. 로베르토 카네사Roberto Canessa는 1972년 10월 13일 럭비팀 동료들과 함께 멘도사에서 산티아고를 향해 출발했다. 그들이 탄 비행기는 구름 덮인 안데스산맥 위에서 항로를 이탈해 산꼭대기에 살짝 부딪치면서 결국 추락했다. 탑승 인원 45명 가운데 16명이 즉시 사망했지만 카네사를 포함한 29명은 기적적으로 살아남았다.

사고 직후까지만 해도 그들은 구조를 기대했다. 하지만 열흘 이상 구조대는 그들을 발견하지 못했다. 생존자들은 추위에 대비해 피난처를 만들고 체온을 나누기 위해 꼭 붙어 있었으며 햇빛에 눈을 녹여 식수로 사용하면서 버텼다. 그들은 음식도 없이 일주일을 버텨냈다. 그렇지만 결국 아사 직전에 몰린다.

열흘째 되던 날, 첫 번째 결정적 순간이 왔다. 살기 위한 유일한 방법은 죽은 사람의 시신을 먹는 것뿐이었는데 다들 식인 행위를 해야 한다는 생각에 고개를 내저었다. 의대생인 카네사는 최대한 객관적으로 이들을 설득했다. "그것은 시체가 아니다. 단백질일 뿐이다. 고깃덩어리일 뿐이야. 그 이상도 그 이하도 아니다. 단백질을 섭취하지 않으면 우리는 얼마 가지 못해 모두 죽는다." 이 식인 행위로 그들은 살아날 수 있었다.

16일째 되는 날 눈사태로 일행은 눈에 파묻혔다. 산사태로 몇 사람이 죽었고 삐쩍 마른 16명만이 남았다. 더 중요한 결정적 순간이 온 것이다. 카네사는 자체적으로 구조대를 만들어 안데스산맥을 넘어 구조를 요청하기로 했다. 자신도 그 구조대에 자원했다. 상태가 제일 나았고 부상도 덜했기 때문이다. 자칫 목숨을 잃을 수도 있는 상황이었다.

그는 10만 걸음만 걸으면 산을 탈출할 수 있다고 생각했다. 산행은 쉽지 않았다. 뼈가 시리도록 추웠고 해발 4000미터에 이르는 산이었다. 출발한 지 6일째 카네사는 꽃과 풀이 있는 땅을 처음으로 밟았다. 이틀 뒤 12월 20일에는 농부들과 마주쳤다. 그런데 물살이 거센 강이 가로막고 있었다. 카네사는 돌멩이에 편지를 쓴 종이를 묶은 다음 강 건너로 던져 사람들에게 자초지종을 설명했고 결국 12월 22일, 수색대는 생존자들을 구조했다.

카네사를 포함한 이들은 자신들이 놓인 상황을 냉정하게 파악했기 때문에 살아남을 수 있었다. 만약 식인 행위를 하지 않았다면, 구조를 위해 자발적으로 구조대를 만들어 파견하지 않았다면 성공할 수 없었다. 자기보다 타인을 생각한 것도 중요하게 작용했다. 모두 힘든 상황이었지만 카네사 본인이 직접 구조대에 자원해 행동한 것은 타인을 먼저 생각했기 때문이다. 무엇보다 한번 내린 결정을 의심하지 않았다.

어리석은 결정을 내리는 데는 여러 이유가 있다. 권한을 위임받지 못했다, 익숙하지 않은 분야의 일을 맡았다, 경험이 부족하다 등등이 있다. 그렇다면 성공적인 의사 결정을 어떻게 할 수 있을까? 의사 결정의 몇 가지 요령을 보면 다음과 같다.

첫째, 선 조치 후 검토 회의다. 요세미티 국립공원 소방대원들이 하는 방법이다. 이들은 긴급한 사건이 생기면 선제적으로 조치한 다음 회의를 연다. 사실관계를 철저히 파악한 브리핑을 끝낼 무렵이면 한 사람이 네 가지 질문을 던진다. '오늘 계획이 무엇이었나?' '실제 실행한 것은 무엇인가?' '왜 그렇게 되었는가?' '다음에는 어떻게 해야 하는가?' 소방대원 10여 명이 한자리에 모여 그날 결정을 검토하고 다음 날 행동 계획을 세운다.

둘째, 너무 많은 분석은 곤란하다. 일이 지연되기 때문이다. 늦게 내리는 올바른 결정보다는 상황이 벌어졌을 때 내리는 섣부른 결정이 낫다는 말도 있다. 이를 위해서는 70퍼센트 해법이 도움이 된다. 70퍼센트의 정보, 70퍼센트의 분석, 70퍼센트의 확신이 든다면 그냥 실행하라는 말이다. 분석하되 과도한 분석으로 결정이 늦어지면 안 된다.

셋째, 리더는 먼저 자기 의견을 이야기하면 안 된다. 그렇게 되면 팀원들은 자신의 의견 대신 리더의 의견을 따르려 한다. 리더는 자기 의견을 말하는 대신 먼저 질문을 던져야 한다. 그래야 팀원들이 리더가 무슨 생각을 하고 있는지 모른다. 이때 팀원들의 다양한 의견이 나오고 리더는 이를 바탕으로 효율적이고 효과

리더란 무엇인가

적인 결정을 할 수 있다.

넷째, 내부 분열이 심할 때는 실컷 싸우게 하는 것도 방법이다. 1980년대 초, 면도기로 유명한 기업 질레트에서 내부 전쟁이일어났다. 일회용 면도기 시장에서 몇 년째 다른 기업 빅에게 밀리던 질레트는 급기야 강철파와 플라스틱파로 갈라섰다. 전자는저가 시장은 빅에게 양보하고 수백만 달러를 투자해 더 나은 품질의 강철 면도기를 개발하자고 주장했다. 후자는 질레트의 기존플라스틱 일회용 모델을 밀고 나가 가격 경쟁으로 정면 돌파하자고 주장했다.

당시 질레트의 CEO 콜먼 모클러Coleman Mockler는 두 진영이 끝까지 싸우게 했다. 절대 나서지 않고 듣기만 했다. 보통 정치적 내분은 파멸을 야기하지만 상품을 놓고 벌이는 논쟁은 긍정적인 효과를 불러올 수 있다고 믿었기 때문이다. 사실의 나열과분석이 경쟁적으로 계속되면 나중에는 유용한 정보만 남는다. 리더가 중립적인 태도를 유지하는 한 양측의 사리 추구는 점차 상쇄된다. 모클러는 2년 동안 중립을 유지하다 어느 날 갑자기 강철파 손을 들었다. 강철파의 논리가 낫다고 생각했기 때문이다.이 팀은 훗날 '마하 3'라는 획기적인 신제품을 내놓아 성공을 거둔다.

잘못된 결정과
결정 회피 사이에서

앞서 리더는 결정하는 사람이라고 했다. 리더는 그가 내린 의사 결정을 통해 평가된다. 그래서 올바른 의사 결정이 중요하지만, 그 못지않게 빠른 의사 결정이 중요하다. 대기업 사장을 지냈던 한 사람과 리더의 결정에 관해 대화를 나눈 적이 있다. 그때 들었던 이야기를 정리하면 다음과 같다.

결정을 내리기란 쉽지 않다. 리더는 결정에 대한 책임을 져야 한다. 그렇기 때문에 결정을 내려야 할 때는 두렵다. 하지만 막상 결정할 때는 주저하지도 않고 두렵지도 않았다. 중간에 결정이 잘못된 걸 깨달았을 때는 주저하지 않고 결정을 번복해야 한다. 보통 리더이기 때문에, 결정 번복을 권위의 추락으로 생각한다. 그렇지 않다. 리더는 자신의 결정이 틀렸다는 사실을 알았으면 주저하지 말고 바로 번복할 수 있어야 한다.

최악의 리더는 결정을 하지 않는 사람이다. 결정을 미루는 사람이다. 또 잘못된 결정을 밀고 나가는 사람이다. 이 같은 리더 때문에 조직은 표류하고 방황하고 시간과 기회를 잃는다. 옳은 결정만을 할 수는 없다. 잘못된 결정일 수도 있다. 하지만 리더는 결정해야 한다. 일단 결정하고 진행하면서 문제가 있으면 수정해야 한다.

물론, 의사 결정을 바르고 신속하게 내리는 것이 제일 좋다. 올바른 결정을 내리기 위해서는 여러 방면으로 생각해야 한다. 이를 위해 주위에서 다양한 의견을 충분히 들으려고 노력해야 한다. 때로는 어느 것이 옳은지 판단하기 어려운 경우가 있다. 두 가지 경우인데, 시간을 좀 더 투자하고 정보 수준을 높여서 올바른 의사 결정을 할 수 있는 경우와 시간에 관계없이 사안 자체의 불확실성이 높아 결정이 어려운 경우다.

시간을 좀 더 투자해서 정보 수준을 높일 수 있으면 그렇게 해야 한다. 시간과 정보 수준에는 한계 효용 체감의 법칙이 작동

한다. 어느 정도 이상은 시간을 더 투자해도 정보 수준이 별로 나아지지 않는다. 70퍼센트 정도 확신이 들면 결정하는 게 좋다. 나머지 부족한 30퍼센트는 시간을 갖고 채워가면 된다. 더 높은 수준까지 기다리는 건 의미가 없다. 의사 결정에 뜸 들이면 타이밍을 놓칠 수 있다.

의사 결정은 리더의 몫이다. 사안이 불확실하다고 의사 결정을 못 하면 회사는 움직이지 않는다. 전투 중에 적은 다가오는데 장수가 어찌할지 몰라 명령을 내리지 못하고 있다면 그 싸움의 승패는 뻔한 것 아닌가. 극단적으로 이야기하면 잘못된 결정이, 결정을 안 하는 것보다 낫다Wrong decision is better than No decision. 단기간에 집중적으로 고민해서 의사 결정을 가능한 한 빨리해야 한다.

의사 결정이 잘못되었을 때는 빠르게 되돌리면 된다. 투자한 게 아까워 조금씩 수정하려고 하면 오히려 아무것도 나아지지 않는다. 기준이 잘못되거나 무엇이 잘못되었다고 판단되면 과감히 허물고 다시 해야 한다. 예를 들어 컴퓨터로 작성한 몇 장의 보고서가 실수로 지워졌을 때를 가정해 보자. 그게 아까워 컴퓨터를 복구하려는 노력도 잠깐은 필요하지만 다시 보고서를 쓰는 쪽이 낫다. 보고서를 제대로 썼다면 금방 기억이 날 것이다. 오히려 다시 쓰면서 더 좋은 보고서가 될 수도 있다.

다시 시작하는 걸 주저할 필요가 없다. 고민은 하되 걱정은 하지 말아야 한다. 고민을 많이 해서 결정한 사항이면 이후 또 고민을 해봐도 의사 결정이 같을 것이고, 그 결정이 잘된 것인지 걱정해 봐야 결과에 아무런 도움이 되지 않는다. 변수를 추려 고민을 치열하게 하고 결정한 다음에는 후회하지 않아야 한다.

결정을 내리는 데 필요한 모든 정보를 다 가질 수는 없다. "지도자는 잘된 결정을 내리는 게 제일 좋고, 잘못된 결정을 내리는 게 그다음이고, 결정을 내리지 않는 게 가장 나쁘다." 미국 대통령을 지냈던 해리 트루먼Harry Truman의 말이다. 그는 어려운 결정을 많이 한 사람이다. 제2차 세계대전 당시 일본에 원자탄을 투하한 것, 맥아더 장군을 해임한 것, 중공군 개입으로 후퇴를 결정한 것, 마셜 플랜으로 전쟁 후 유럽을 돕기로 한 것 등 하나같이 중차대한 결정들을 해리 트루먼이 했다. 그가 위대한 리더로 기억되는 것은 이 같은 위대한 결단 때문이다.

완벽한 결정이란 있을 수 없다. 70퍼센트의 정보와 30퍼센트의 직관력이 결정의 황금 비율이다. 정보가 50퍼센트만 넘어도 나쁘지 않다. 모든 것이 확실해지면 이미 상황이 종료되었을 가능성이 높다. 그래서 결정에는 용기가 필요하다. 이 정도면 되었다 싶을 때 저질러야 한다.

리더가 결정을 미루고 뭉그적거리면 조직 전체가 공회전을 하게 된다. 빠른 의사 결정의 대표 선수를 꼽자면 세계적인 유통 기업 아마존의 의장 제프 베이조스Jeff Bezos를 들 수 있다. 아마존의 빠른 성장은 그의 빠른 의사 결정 덕분이다. 그는 많은 기업이 훌륭한 의사 결정을 하지만, 문제는 좋은 의사 결정을 너무 늦게 한다는 점을 지적했다. 그리고 현재와 같은 경영 환경에서는 질이 높지만 늦은 의사 결정은 소용이 없고, 빠르고 질이 높은 의사 결정이 필요하다고 역설했다. 이를 위한 세 가지 원칙이 있다.

첫째, 의사 결정은 번복할 수 있다. 한번 내린 결정이 끝이라고 생각하지 않는 것이다. 이를 위해 결정을 두 가지로 구분한다. 번복할 수 없는 결정과 번복 가능한 결정이다. 번복할 수 없는 결정은 신중해야 한다. 번복할 수 있는 건 일단 결정하고 상황을 보면서 번복하면 되는데 후자의 경우 24시간 안에 결정하는 걸 원칙으로 한다.

둘째, 정보가 70퍼센트 정도 확보되면 의사 결정한다. 정보를 더 많이 모으려 하다 타이밍을 놓칠 가능성이 높다. 변화 속도가

리더란 무엇인가

빠를 때는 정보 수집 과정에서 얻은 예전 정보는 무용지물이 될 가능성이 높다. 통찰력과 단호함이 필요하다.

셋째, 의사 결정에 너무 많은 에너지를 쓰지 않는다. 논의를 거듭해도 의견 일치를 볼 수 없을 때는 도박하듯 일단 결정하는 것이다. 사람들의 의견이 일치하기까지 기다리기 전에 일단 작게 한번 시작해야 한다. 한국에서는 현대카드가 빠른 의사 결정을 내리기로 유명한 기업이다. 실무자가 제안하면 별일 아닌 이상 24시간 안에 결정하는 걸 원칙으로 한다. 결정을 하지 않는다는 것은 하지 않겠다, 귀찮다, 문제에 직면하기 싫어 미루겠다는 것과 같다. 비겁하고 치사한 행위다. 다시 말하지만, 결정을 미루는 리더가 최악의 리더다.

고독한 리더가
져주는 법

회사에서 어떻게 지내는가? 외롭지는 않은가? 독방에 갇힌 죄수처럼 혼자 지내지는 않는가? 직원들이 아무 말을 하지 않아 혼자 회의에서 떠들지는 않는가? 끊임없이 못 해먹겠다는 소리를 하지는 않는가? 정상은 외로운 자리다. 누구나 올라가고 싶어 하지만 막상 올라가면 그렇게 만만한 자리가 아니다.

리더가 되기 위해서는 고독을 즐길 수 있어야 한다. 야구의 신 김성근 감독과 김인식 감독은 선수들과 술은 물론 밥도 거의 먹지 않는다. 감독과 특정 선수의 만남은 질투를 유발하기 때문이다. 질투는 불행의 씨앗이다. 누군가와 함께 자리를 만드는 순간, 의도하지 않은 일이 생긴다. 그래서 조용히 혼자 먹는다. 혼자의 시간을 견뎌낸다.

한 조직의 리더가 그 조직의 어떤 구성원과 함께 먹는 밥 한 끼는 단순한 식사가 아니다. 정치에 능한 사람에게는 기회이고 그렇지 못한 사람에게는 부러운 자리이며, 그 자리에 끼지 못하는 많은 사람을 소외시키는 시간이다. 소문과 불공정함이 시작되는 자리일 수도 있다.

그래서 리더는 고독을 견딜 수 있어야 한다. 그리고 그 과정을 통해 강해진다. 리더의 고독은 나누는 게 아니며 나눌 수도 없다. 나눌 수 없는 고독을 나누는 순간, 문제가 시작된다. 고독을 뜻하는 'solitude'는 'sole'에서 시작되었다. 태양을 의미한다. 하늘의 태양은 둘일 수 없는 것이다.

"대표님은 모르는 게 없어요, 세상에서 제일 똑똑해요"라는 말을 듣는 대표가 제법 있다. 욕일까, 칭찬일까? 그런 대표 밑에서 일하는 직원이 신명나게 일할까, 아닐까? 열심히 일하지 않는다. 대표가 똑똑하면 회사는 성장하지 못한다. 모두 대표 얼굴만 바라보기 때문이다. 대표 혼자 고민하고 직원은 고민하지 않는다.

리더십은 다른 사람을 활용해 조직의 목표를 달성하는 것인데, 대표 혼자 잘나면 다른 사람을 활용할 수 없다. 그렇기 때문에 리더는 자신의 똑똑함을 드러내는 대신 구성원에게 질문해야 한다. 알아도 모르는 척, 자주 물어봐야 한다. 안은 다부져도 겉은 엉성해 보여야 한다. 이것이 중국 고전인《채근담》에 나오는 '응립여수 호행사병鷹立如睡 虎行似病'이다. 매는 조는 듯 앉아 있고 호랑이는 병든 듯 걷는다는 말이다. 노련한 매는 조는 듯 앉아 있다 쏜살같이 덮치고 경험 많은 호랑이는 병든 듯 걷다가 전광석화처럼 달려든다.

팀원과 자주 토론을 벌이는가? 토론에서는 누가 주로 이기는가? 최악은 아예 토론 자체가 일어나지 않고 리더 개인기에 의존하는 회사다. 다음은 토론은 벌이지만 리더의 완승으로 끝나는 조직이다. 최선은 토론을 벌이고 주로 팀원이 이기는 조직이다. 그러나 팀원과 싸워 이기려는 리더가 있다. 어리석은 일이다. 팀원과 싸워 이기는 게 무슨 의미가 있을까?

지는 게 이기는 것이다. 조직을 잘 이끌기 위해서는 져주면서 이겨야 한다. 져주는 건 시간이 들고 힘이 든다. 하지만 작게 져주고 크게 이기는 게 진짜 능력이다. 사심 없이 허리를 숙일 수 있

리더란 무엇인가

어야 한다. 아무나 할 수 있는 일이 아니다. 자신감과 자긍심이 충만한 사람만이 할 수 있다.

져주는 것과 끌려가는 것은 다르다. 져주는 건 가고자 하는 방향으로 가기 위해 품어주는 것이고 낮아지는 것이다. 끌려가는 건 자기 방향으로 가지 못하고 상대 방향으로 가는 것이니 원하는 것을 얻을 수 없다. 져줄 수 있는 건 그럴 만한 힘이 있고 용기가 있다는 것이다. 능력 있는 아버지는 집에서는 지고 밖에서는 이긴다. 무능한 아버지는 집에서만 큰소리를 친다. 능력 있는 리더는 팀원에게 지고 시장에서 이긴다.

탁월한 리더가 가진
세 가지 무기

탁월한 리더는 세 가지 무기를 갖고 있다. '먼저'와 '주는 능력' 그리고 '믿는 능력'이다. '먼저'는 능력 있는 사람이 쓰는 무기다. 작게 주고 크게 받는, 져주고 이기는 무기다. 누구보다 먼저 일어나고 앞서간다. 남들이 놀 때 먼저 고민한다. 그래서 남들이 고민할 때 여유가 있다. 먼저 시작했기에 유유자적할 수 있다. 먼저 유리한 상황을 선점했기 때문에 부와 지위도 먼저 가져간다.

다음은 '주는 능력'이다. 이 능력은 주고받는 쌍방향의 상호작용인 '관계'에서 발휘할 수 있다. 리더는 세 가지 주기를 할 수 있어야 한다. 첫째, 비전이다. 하는 일이 가능성이 있고 미래로

가는 확실한 길, 즉 비전을 줘야 한다. 둘째, 먼저 다가가서 손을 내밀어 함께 가자고 해야 한다. 리더와 구성원이 하나라는 증거를 몸으로 보여주어야 한다. 셋째, 힘을 실어줄 수 있어야 한다.

마지막으로, 무엇보다 리더는 불확실한 상황에서 가능성을 찾고 사람을 믿을 수 있어야 한다. 이러한 '믿는 능력'은 아무나 가질 수 없는 능력이다. 중요한 사업 자원인 믿을 만한 사람이 많다는 건 리더의 능력을 가늠하는 잣대이자 무한한 복이다. 독재자는 누구도 믿지 않기에 비밀경찰을 통해 사람을 감시하고 힘과 공포로 통치한다. 믿을 사람이 없다고 말하는 리더는 자기 능력이 그것밖에 안 된다는 사실을 알리는 것이다.

믿음은 희귀한 자산이다. 살 수 있는 것도 아니고 묻혀 있는 것도 아니다. 믿어달라고 해서 믿어주는 것도 아니고 갖고 태어나는 것도 아니다. 물려줄 수도 없다. 한 번에 만들 수도 없고 조금씩 축적해야 한다. 이렇게 축적한 믿음도 사라지는 건 한순간이다. 대부분 리더는 수없이 발등이 찍힌 사람이다. 그래도 할 수 없다. 그게 사업이고 리더가 가야 할 길이다. 결국 사업이란 사람을 키우는 일에서 성패가 갈린다. 그런데 사람을 키우기 위해서는 투자하고 기다릴 수 있어야 한다. 즉, 믿고 기다려야 한다.

그 과정을 묵묵히 지켜보는 것은 상당히 힘든 일이다. 하지만 리더는 그래야 한다.

사람의 마음에
투자하라

아시아 어느 국가에서 쥐 잡는 것을 독려하기 위해 쥐 가죽을 가져오면 보상을 하겠다고 했다. 그러자 사람들은 길거리의 쥐를 잡는 대신에 집에서 쥐를 키우기 시작했다. 돈을 더 벌기 위해서다. 이처럼 사람의 행동을 뜻대로 움직이는 일은 쉽지 않다. 선한 의도로 시작한 일이 최악의 결과를 가지고 올 수도 있는 것이다. 훌륭한 리더는 원하는 방향으로 사람을 움직인다. 어떻게 하면 가능할까? 그리고 사람은 언제 움직일까?

다양한 사례를 통해 사람의 마음을 움직이는 법을 알아보자. 우선, 시간 요소를 생각할 수 있다. 사람들은 내일의 사과 두 개보다는 오늘의 사과 한 개에 더 관심을 갖는다. 이를 퇴직연금제도에 활용할 수 있다. 미국의 저명한 행동경제학자 슐로모 베나치Shlomo Benartzi가 제시한 점진적 저축 증대 프로그램이 있다. 많은 사람은 본인과 회사 부담이 50대 50인 현 제도에 불만을 갖고 있는데 당장 월급이 줄기 때문이다. 점진적 저축 증대 프로그램은 봉급 인상 때마다 퇴직 연금 기여율을 높이는 방식이다. 그렇게 되면 당장 손해 본다는 생각이 들지 않기 때문에 사람들의 참여를 높일 수 있다.

금연 때문에 고민하는가? 자기결박계약Hand-tying Contract을 활용하면 당장 끊을 수 있다. 예일대학의 딘 칼런Dean Karlan 교수는 그린뱅크와 손잡고 금연에 관한 금융 상품을 개발했는데 논리는 간단하다. 일단 일정 금액을 예금하고 6개월 후 소변 검사를 한다. 만약 흡연 사실이 밝혀지면 계좌에 있는 돈을 몽땅 지역 고아원에 기부해야 한다. 'CARES'라는 이름의 이 예금은 단 한 번의 권유로 목표 고객 가운데 11퍼센트의 사람들과 계약을 맺을 수 있었다. 약속을 실천할 수밖에 없게 하는 너무 나쁜 채찍을 휘두르는 계약이기 때문이다.

다이어트를 하고 싶은가? 경매를 활용하면 도움이 된다. 보통 다이어트는 할 수 있지만 유지하기가 어렵다. 체중을 유지하기 위해 이언 에어즈Ian Ayres는 이베이에 다음과 같은 경매 상품을 내놓는다. "이언 에어즈의 살찔 권리를 판매합니다. 구입하시면 0달러 또는 2만 6천 달러를 벌 수 있습니다." 이 경매의 낙찰자는 이언 에어즈가 스틱k닷컴과 52주간 맺은 체중 유지 계약에 따른 몰수금을 받을 권리를 갖게 된다. 그는 52주에 걸쳐 매주 500달러를 걸고, 경매가 마감된 후 낙찰자는 체중 유지 계약에 따른 몰수금의 수혜자로 지정된다. 52주 동안 다음의 경우가 발생하면 낙찰자는 해당 주에 500달러를 받게 된다.

첫째, 이언 에어즈가 진행 상황을 스틱k에 보고하지 않는 경우, 둘째, 에어즈의 체중이 84킬로그램이 넘었다고 보고된 경우, 마지막으로 심사위원인 예일대학 배리 네일버프Barry Nalebuff 교수가 에어즈의 체중이 84킬로그램이 넘었다고 보고하는 경우다.

경매 결과는 어땠을까? 23명의 사람이 45번에 걸쳐 입찰가를 제시했고 282.85달러에 낙찰되었다. 그리고 이언 에어즈는 전혀 모르는 사람으로부터 돈을 받으면서 자신에게 유익한 일을 하겠다는 약속을 지킬 수 있었다.

많은 기업은 신입 사원의 높은 이직률 때문에 고민한다. 비싼 비용을 들여 채용하고 교육해 주었는데 회사에 기여하기도 전에 그만두기 때문이다. 어떻게 하면 이런 문제를 해결할 수 있을까? 온라인 신발회사 자포스의 사례가 도움이 될 것이다.

자포스 CEO 토니 셰이Tony Hsieh는 4주간의 입사 교육에서 첫 주가 지나면 신입 사원들에게 교육 기간에 회사를 그만두면 아무런 조건 없이 그때까지의 급여에 2천 달러를 더한 금액을 주겠다고 제안한다. 목적은 오랫동안 회사에서 일하는 것이 유리하다는 신호를 보내기 위해서다.

중요한 것은 이 제안이 신입 사원에게 미치는 심리적 영향이다. 그들은 2천 달러를 거부함으로써 스스로 이 직장이 자신에게 정말 중요하다는 사실을 인지한다. 어떻게 해서든 이 직장에서 성공하겠다고 결심하게 된다. 이후 회사를 그만두고 싶은 유혹이 와도 '2천 달러를 포기하고 남은 회사'라는 생각을 하게 된다. 토니 셰이의 제안을 받아들이는 직원은 2~3퍼센트에 불과하다. 전통적인 당근은 돈이 많이 든다. 자포스의 당근은 활용되지 않기 때문에 많은 비용을 사용하지 않는다. 이를 반대 유인anti-incentive이라 부른다.

채찍 유인은 때로 역효과를 낼 수 있다. 어린이집은 아이를 늦게 데려가는 부모 때문에 힘들어한다. 당신이 어린이집 원장이라면 이 문제를 어떻게 해결하겠는가? 가장 쉬운 방법은 벌금 부과다. 실제로 캘리포니아대학 유리 그니지Uri Gneezy 교수는 어린이집을 대상으로 이를 실험했다. 부모가 아이를 늦게 데려가는 횟수가 열 번이 넘으면 3달러의 벌금을 부과하기로 한 것이다.

결과는 어땠을까? 지각 횟수가 몇 주 만에 두 배 이상 증가했다. 도대체 어떻게 된 일일까? 그동안 부모들은 지각할 때마다 죄책감에 시달렸다. 하지만 벌금 제도가 생긴 후 마음 놓고 지각을 할 수 있게 된 것이다. 만약 부모가 늦게 올 때마다 어린이집에서 가장 가난한 교사가 지각한 부모들에게 돈을 주어야 한다면 어떨까? 부모들은 이 제도가 불공정하다고 생각해 시간을 지키기 위해 너욱 노력할 것이다.

학생들이 공부를 못할 때 오히려 자기 자신을 벌하는 교사들은 이 사실을 깨달은 사람들이다. 군대도 이를 활용하고 있다. 부대원 중에서 한 사람이라도 잘못하면 전체가 얼차려를 받는다. 자기 잘못으로 무고한 동료들이 벌을 받음으로써 당사자가 죄책감을 느끼게 하는 것이다.

창피함을 전략으로 사용할 수도 있다. 배리 네일버프 교수는 수업 첫 시간에 체중계를 들고 가 학생들에게 다음과 같이 선언

한다. "제가 좀 뚱뚱합니다. 이번 학기에 7킬로그램을 빼려고 합니다. 약속을 하나 하겠습니다. 만약 살을 빼지 못하면 마지막 수업은 수영복을 입고 진행하겠습니다." 이어 체중계에 올라 말을 이었다. "나 혼자 이런 계약을 하는 것은 공평하지 않습니다. 동참하고 싶은 학생은 누구든 환영합니다." 그러자 학생 열 명이 동참한다.

학기가 진행되는 동안에 이 프로젝트 역시 계속되었다. 어떤 학생은 케이크나 아이스크림으로 교수를 유혹하기도 한다. 결과는 어땠을까? 마지막 수업 날 교수는 이렇게 말한다. "지난주 몸무게를 재보니 목표에 1킬로그램 내로 근접해 있더군요. 이후 다이어트도 열심히 하고 달리기도 많이 했습니다. 아마 목표를 달성했을 겁니다." 교수는 실제로 8킬로그램을 뺐고 학생들도 한 사람을 제외하고 모두 목표를 달성한다. 이게 자기 협박이다. 스스로 창피를 당하게끔 상황을 만드는 것이다. 창피를 당할 위험이 올바른 행동을 유도하는 원동력이 될 수 있다.

리더십은 사람을 다루는 일이다. 다른 사람의 행동을 바꿀 수 있어야 하고, 이를 위해서는 사람의 심리를 읽을 수 있어야 한다.

권한을
위임하라

이상적인 조직은 어떤 조직일까? 그런 조직의 키워드로 꼽는 것
은 무엇일까? 이상적인 조직은 재량권이 보장되어 자발적으로
명확한 목표를 위해 움직이는 조직이다. 이런 조직은 누군가의
지시 대신에 자발적으로 행동하고 이를 통해 성과를 낸다. 이 사
실을 모르는 사람은 없다. 그런데 왜 이게 그렇게 어려울까? 팀원
을 자발적으로 일하게 하기 위한 키워드는 무엇일까? 단연코 권
한 위임을 지칭하는 임파워먼트를 꼽고 싶다.

우선, 임파워먼트로 성공한 사례를 보자. 지시와 명령이 뿌리
깊게 자리 잡은 미 해군 핵잠수함에서 일어난 일이다. 데이비드

마르케David Marquet 함장은 예상하지 못했던 곳에 함장으로 임명된다. 여러 핵잠수함 가운데 성과나 관리 수준 등 여러 면에서 하위권 수준인 산타페 함을 6개월 안에 실전 배치할 수 있는 상태로 준비시키라는 임무를 받았다. 최악의 조건을 가진 조직을 6개월 안에 최고의 조직으로 만들라는 것이었다. 마르케 함장은 이 문제를 어떻게 해결했을까?

일단 마르케 함장은 상황 파악에 나섰다. 그는 청사진을 제시하지 않은 채 일단 승조원을 만나 그들에게 질문했다.

"내가 바꾸지 않기를 바라는 것은 무엇인가? 바꾸어주기를 바라는 것은 무엇인가? 귀관이 내 입장이라면 가장 먼저 무엇을 하겠는가? 귀관이 하는 일에 방해가 되는 것은 무엇인가? 현재 운영 방식에 가장 크게 좌절감을 느끼는 일은 무엇인가? 내가 귀관에게 해줄 수 있는 최고의 일은 무엇인가?"

간단하지만 강력한 질문이었다. 그는 승조원들의 답을 주의 깊게 검토했고 이를 통해 조직 운영의 방향성을 잡았다. 진정성 있게 물어본 결과, 이 조직은 악순환의 고리 속에 빠져 있었다. 잘못된 방식으로 일을 하니 실수가 잦았다. 사기가 저하되고, 실수만 피하려는 보신주의保身主義가 만연해 있었다. 승조원들은 '어떻게 하면 성과를 낼 수 있을까?'를 생각하는 대신 '어떻게 하면 실수를 피할 수 있을까?'를 생각했다.

사실 마르케 함장은 과거 윌 로저스 함에서 실패의 쓴맛을 본 적이 있었다. 재량권을 주기 위해 장교들에게 개략적인 지침만 주고 각자 업무 목록을 만들도록 지시했다. 그러자 실수로 인해 재작업을 하거나 시간을 맞추지 못하는 일들이 생겨났다. 그러면 그는 원점으로 돌아와 명령을 쏟아내야 했다.

이때 그는 '리더-팔로워'의 구조 자체가 문제임을 깨닫는다. 즉, 승조원들이 권한 위임도 하나의 지시로 받아들였던 것이고 거기에는 이런 가정이 있었다. '너희와는 달리 나에게는 권한을 위임할 권위와 능력이 있다'라는 가정이다. 그러면 어떤 일이 일어날까? 말로는 권한을 위임한다고 하지만, 이 내적 모순 때문에 실패할 수밖에 없는 것이다.

'리더-팔로워' 구조에서 리더십은 윗사람 일이고, 팔로워들은 따르기만 하면 된다. 책임도 권한도 없는 것이다. 마르케 함장은 이 구조를 바꾼다. '리더-팔로워'에서 '리더-리더'로의 전환이다. 모두가 리더가 되어 자기 일에 책임지고 결정하는 체제를 만들자는 것이었다.

예를 들어 승조원의 휴가를 승인하는 데 일곱 단계의 결재를 거쳐야 하고 이로 인해 휴가 신청이 밀려 있었다. 마르케 함장은 반장들에게 병사의 휴가 결재권을 부여하는 한편, 반장들이 휴가 승인 남발을 막기 위해 이들과 방안을 논의했다. 그러자 스스로 휴가만이 아니라 각 분대의 성과에 책임을 지겠다는 해결책을 내놓았다. 휴가 승인권으로 작게 시작한 권한 위임은 이후 3년 동안 여러 면에서 범위가 확대되었다.

《성공하는 사람들의 7가지 습관》의 저자 스티븐 커비Stephen Covey가 산타페 함을 방문한 적이 있다. 그는 항해 시작 전 함교 위에서 본 광경을 이렇게 표현했다. "이전에는 결코 보지 못했던 수준의 권한 위임이 일어나고 있었다. 승조원들은 함장에게 끊임없이 이런저런 계획을 보고했다. 함장은 가끔 한두 가지 질문을 던질 뿐 대개는 '알았네'라고 대답했다."

진정한 권한 위임을 위해서는 구성원들에게 역량이 있어야 하고, 또 그들이 조직의 방향성을 이해해야 한다. 즉, 구성원들이 역량을 갖추기 위해 계속해서 훈련하고, 조직 운영에 대해서 리더와 구성원 사이에 소통이 충분할 때 조직의 하부 구성원들도 리더로서 일할 수 있다.

먼저, 모두가 리더라는 사실을 인식시키기 위해 주도적인 언어를 쓰도록 행동 지침을 정한다. 권한이 없는 사람들은 "허가 바랍니다. 이렇게 하고 싶습니다. 어떻게 하면 좋겠습니까?"라고 말한다. 상사가 잘못 지시해도 짚어내지 못해 조직을 위험에 빠뜨리기도 한다. 그래서 그들이 쓰기로 한 주도적인 언어에는 이런 것들이 있다. "제 계획은 이렇습니다. 저는 이렇게 하겠습니다."

구성원의 역량 향상을 위한 노력은 필수다. 아주 위급한 상황이 아니면 그들 스스로 상황을 판단할 기회를 줘야 한다. 그들 자신의 의견이 있어야 한다. 단 몇 분이라도 의견을 내도록 하는 게 훈련에 결정적인 요인으로 작용한다. 상관이 결정하고 지시하며 누구도 그 문제를 깊이 생각하지 않는다. 상사의 일방적인 지시는 구성원의 훈련과 발전의 기회를 박탈하는 것과 같다.

같은 이유에서 산타페 함은 검열관을 환영하는 관행을 만들었다. 보통 함선에서는 검열관의 지적을 기피하려고 하는데 이들은 오히려 '검열관 환영하기'를 통해 의견을 교환하고, 다른 케이스에서 배우고, 문제를 발견하고 기록하는 장으로 활용했다. 검열관이 승선할 때 승조원들과 오가는 대화는 '이런 점에 문제가 있습니다. 다른 함선에서는 이 문제를 어떻게 해결하는지 알고 계십니까?'였다. 검열관들은 주도적이고 배우고자 하는 이들의 태도를 주목했다. 그 결과 검열 점수도 높게 받았다. 더욱 중요한 것은 '언제 어디서나 배운다'는 행동 원리를 조직 문화로 정착시킨 것이다.

산타페 함은 마르케 함장이 떠난 후에도 계속해서 우수한 성과를 냈다. 세 명의 해군 사령관을 배출했고, 두 명의 부함장은 나중에 모두 함장으로 진급했다. 성공적인 권한 위임을 통해 인재 육성까지 결과로 보여준 것이다.

섬기는 리더와
서번트 리더십

직원들 눈에 비친 당신 모습은 어떠한가? 진심으로 당신을 존경하고 따르고 있는가? 아니라면 그 이유는 무엇이라고 생각하는가? 진정으로 리더십을 발휘하기 위해서는 무엇을 어떻게 해야할까. 한때는 카리스마를 리더십의 가장 중요한 덕목으로 꼽았다. 하지만 전통적인 권위가 해체되면서 예전 특유의 리더상은 힘을 잃기 시작했다. 그 대안 가운데 하나가 서번트 리더십Servant Leadership이다.

서번트 리더십은 리더가 팀원을 섬길 때 발휘되는 리더십이다. 이러한 서번트 리더십을 갖춘 사람을 '섬기는 리더'라 부른다. 섬기는 리더는 다른 사람이 성공할 수 있게 도와주는 능력이 있는 사람이다. 덕분에 섬기는 리더의 주변 사람은 하나같이 잘 나간다. 섬기는 리더가 되기 위한 조건은 다음과 같다.

첫째, 피라미드를 뒤집어야 한다. 섬기는 리더가 가장 먼저 할 일은 피라미드를 뒤집는 것이다. 섬기는 리더는 피라미드의 맨 밑으로 내려가야 한다. 그리고 다른 사람을 올려 세우는 일에 초점을 맞추어야 한다. 자신이 섬기는 사람들의 장점과 재능, 열정을 이끌어내는 것이다.

하지만 이 과정에는 엄격한 규정이 있어야 한다. 미국의 슬럼가에서 학교를 성공적으로 운영하는 한 사람의 이야기다. "저는 규칙을 엄격히 시행합니다. 수업에 두 번 결석하면 제적하지요. 수업 시간에 잠을 자도 제적을 당합니다. 성적이 나쁜 학생에게는 처음에 많은 관심과 도움을 줍니다. 그래도 따라오지 못하면 역시 제적입니다. 우리는 학생들을 오냐오냐 받아주지 않습니다. 학생을 섬기고 있지만 한편으로는 엄격한 기준이 있습니다."

둘째, 기준을 높여야 한다. 기준을 높이라는 의미는 채용을 까다롭게 하라는 말이다. 제대로 섬기기 위해서는 우선 섬길 팀원을 제대로 뽑는 것이 중요하다. 제대로 되지 않은 사람을 섬기는 것은 리더 입장에서는 상당히 고통스러운 일이다. 무엇보다 자신의 섬기는 행위가 성과와 연결되지 않기 때문이다.

제대로 된 역량과 가치관을 가지고 조직의 사명을 환영하는 사람을 뽑아야 한다. 이를 위해 까다로운 절차를 밟고, 수많은 능력과 덕목을 기준으로 사람을 뽑아야 한다. 그리고 성취 기준을 끊임없이 높여가야 한다. 사람들은 타인의 기대에 맞게 행동하려고 노력한다. 기대를 받지 못하는 사람들은 그저 그렇게 살아간다. 많은 것을 기대받고 요구받으면 그 기대치를 충족하기 위해 열심히 노력하게 된다. 그러면서 개인도 발전하고 조직도 발전한다. 섬기는 리더의 역할은 끊임없이 기대치를 높이면서 사람들을 자극해 발전시키는 것이다. 최선의 섬김은 다른 사람을 자극해 올라가게 하는 것이다.

셋째, 길을 닦아주어야 한다. 리더에게는 이중으로 책임이 있다. 팀원에게 성공에 필요한 지식과 기술과 전략을 가르치고 발전을 가로막는 장애물을 없애주는 것이다. 이것이 길 닦기다. 이를 위해서는 독서, 강의 및 토론, 실습 과정을 넣은 교육 프로그램이 필요하다. 교육을 맡은 리더는 자신의 가르침을 행동으로 옮겨야 한다. 자신을 들여다보고, 스스로의 지식을 명확히 설명하고, 일관성을 높이는 방법을 배워야 한다. 또 팀원을 정기적으로 관찰하고, 그들의 동료로부터 의견을 수집해 팀원에게 솔직하게 피드백을 해주는 일도 필요하다.

넷째, 장점을 활용해야 한다. 많은 사람이 장점보다는 단점에 초점을 맞추고 이를 개선하기 위해 애를 쓴다. 하지만 이보다는 다른 사람의 장점에 초점을 맞추는 것이 훨씬 더 생산적이다. 자신의 장점을 발휘하면서 살아갈 때 사람은 더욱 생산적이고, 더 행복하다.

다섯째, 위대한 목표를 향해 달려야 한다. 섬기는 리더는 위대한 목표를 추구하는 사람이다. 하찮은 것이 아니라 정말로 중요한 것, 그것을 위해 살고 그것을 위해 죽을 수 있을 만큼 중요한 것을 위해 달려야 한다. 섬기는 리더는 목표를 사람들이 따르지 않을 수 없을 정도로 분명하게 설명한다. 따라서 사람들은 기꺼이 그 목표를 향해 달려나간다. 우리가 최고의 인생을 사는 데 필요한 모든 것을 제공하는 것이 바로 위대한 목표다. 위대한 목표는 당신과 다른 사람의 삶을 변화시킬 수 있다. 그것이 바로 서번트 리더십이다.

리더란 무엇인가

질문을 통해
원하는 조직을 만들 수 있다

나는 질문하는 것도 좋아하고, 질문을 받는 것도 좋아한다. 또 한 사람이 질문하는 걸 보면 그 사람이 어떤 사람인지 알 수 있다. 중요한 건 단순히 질문하는 것이 아니라 좋은 질문을 해야 한다는 것이다. 좋은 질문을 주고받고, 질문에 대한 좋은 답변을 활발히 할 수 있다면 조직의 생산성도 오를 수 있다.

질문에는 수준이 있다. 가장 낮은 수준의 질문은 궁금한 것을 즉흥적으로 물어서 답을 듣는 질문이다. 가장 수준 높은 질문은 본질적인 질문이다. 삼성의 이건희 회장이 즐겨 쓰던 '업의 개념이 무엇인가'와 같은 질문이다. 리더는 질문을 통해 팀원을 성장

시킬 수도, 자신이 성장할 수도 있다.

설비가 고장 난 경우를 예로 들어보자. 직원은 현상이 어떻고, 원인이 무엇이고, 어떻게 개선하겠다고 리더에게 보고한다. 이때 보고를 받은 리더는 '왜 고장이 자꾸 발생하는지?'와 같은 질문을 던져야 한다. 그래야 앞으로 고장이 발생하지 않는다. 이런 질문은 실무자가 문제의 본질적인 부분을 보게 하기 때문이다. 리더는 발생한 문제를 '어떻게 개선할 것이냐?'를 넘어서 '근본적으로 문제가 발생하지 않기 위해서는 어떻게 해야 할까?'를 고민하고 이 질문을 던져야 한다.

생각이 복잡할 때는 스스로에게 질문을 던지는 것도 좋은 방법이다. 내가 무엇 때문에 이렇게 생각이 복잡한가, 지금 가장 중요한 것은 무엇인가, 무엇부터 처리해야 하나, 어떻게 해야 하나 등등을 질문하고 답을 써보면서 생각을 정리할 수 있다. 그러면 복잡하게 느껴졌던 문제도 정리가 가능하다. 복잡하고 찜찜하고 불편했던 마음이 정리되고 확신을 가질 수 있다.

질문은 사고를 확장하고 깊이 생각하게 만든다. 이슈를 명료하게 한다. 특히 높은 지위에 있는 사람일수록 모든 것을 명료하게 하는 일은 매우 중요하고 필요하다. 모호함은 악이고, 명료함은 선이다. 좋은 질문을 주고받는 이유는 생각을 명료하게 하기 위해서다. 처음에는 초점이 맞지 않아 잘 보이지 않는 것도 질문을 주고받으면서 점점 명료해진다.

어떤 사안이든 가장 본질적인 부분을 명확히 이해해야 한다. 그래야 판단 기준이 서고, 응용 문제를 풀 수 있다. 본질적인 질문을 제대로 짚지 않으면 부분적인 해결책에 그치는 경우가 많다.

질문을 제대로 주고받기 위해서 필요한 것이 있다. 바로 자기 의견이다. 그런데 자기 의견은 쉽게 만들어지지 않는다. 경험하고 고민할 때 조금씩 만들어진다. 나는 이를 '지식견해知識見解'의 과정으로 설명한다. '지식'은 아는 것이다. 그러나 대부분 안다고 생각하는 것은 엄밀한 의미에서 아는 게 아닌 경우가 많다. 안다고 착각하는 것이다. 한번 들었던 것, 본 것을 안다고 생각한다. 하지만 이것은 진짜로 아는 것이 아니다.

자신이 아는 걸 말과 글로 표현할 수 있어야 지식이다. 그리고 지식의 결과물이 '견'과 '해'다. '견'은 남의 의견이 아닌 자신의 의견을 말한다. '해'는 글자 그대로 해법이다. 질문이 없는 사람의 특징은 자기 의견이 없다는 것이다. 자기 의견과 다른 사람의 의견 사이에서 질문이 탄생하는데 자기 의견이 없으니 무슨 질문이 있겠는가? 그래서 남들의 이러저러한 의견에 휘둘린다.

질문에 대한 답변도 그렇다. 답변의 본질은 자기 생각의 표현이고 자기 생각이 없으면 늘 "그렇다고 하던데요"와 같은 수준에 머무를 수밖에 없다. 질문에 답하기 힘들어하는 사람은 대개 본질적인 고민을 많이 하지 않기 때문이다. 나쁜 리더는 회사의 질문에 답하기 위해 팀원에게 각종 자료를 만들어 대응하려는 사람이다. 접근 방법부터 올바르지 않다. 그렇게 준비한다고 좋은 답변이 나오는 것이 아니다. 스스로 본질적인 질문을 던지고 고민하는 능력을 길러야 한다.

답변 유형에는 세 가지가 있다. 첫째, 문제와 정면 대결하는 대신 회피하는 유형이다. 문제를 이야기하는 대신 장황한 설명으로 자꾸 문제를 숨기려 한다. 문제라고 이야기하면 자기에게 피해가 올까 걱정하기 때문이다. 둘째, 문제를 문제점으로 이야기하는데, 불평불만과 비난만 하는 유형이다. 셋째, 문제점을 제대로 이야기하고, 나름의 건설적인 대안을 말하는 유형이다. 이런 사람이 좋은 질문을 하는 사람이다. 대안이 서로 다르면 토의해서 변경하거나 수정하면 된다.

리더는 올바른 질문을 던짐으로써 사람을 판단할 수 있다. 상대가 대답을 제대로 하면 그 사람의 실력을 평가할 수 있고, 대답을 제대로 못하면 그 사람으로 하여금 고민하게 만들어야 한다. 예를 들어 질문을 받은 사람이 '이것은 굉장히 중요한 질문인데, 내가 그동안 현업에 매몰되어 있어서 깨닫지 못했었네'라고 느끼면 나름의 가치관을 정립할 수 있는 기회가 된다. 문제점을 새롭게 인식하는 것이다.

리더는 질문하는 사람이다. 아니, 좋은 질문으로 스스로 생각하고, 타인을 생각하게 하는 사람이다. 본질적인 질문을 던지고 깊이 생각하는 사람이다. 현재 당신은 팀원들과 어떤 질문을 주고받는가? 그 질문으로 당신이 원하는 조직을 만들 수 있다고 생각하는가?

결정적 순간에
소통하라

"한 명이 천 명을 이끌 수 있는 방법이 있다면 그게 무엇일까?"
프랑스 대입 시험 바칼로레아Baccalauréat에서 나온 질문이다. 정
답은 리더십이다. 리더십은 사람을 이끄는 능력이다. 조직은 그
조직을 이끄는 리더의 그릇 크기만큼 발전할 수 있는데 그릇 크
기가 바로 리더십이다. 그렇기 때문에 리더는 계속해서 리더십을
키워나가야 한다.

그렇다면 리더십의 핵심은 무엇일까? 바로 소통이다. 소통이
란 주의 깊게 경청하며 필요한 메시지를 명확하게 전달하는 능력
이다. 소통에 장애가 되는 잘못된 가정이 몇 가지 있다.

첫째, 일만 잘하면 된다는 생각이다. 그런데 일이란 무엇일까? 일은 바로 소통이다. 꼭 필요한 말만 하고, 필요한 보고만 하는 리더가 있다. 상사를 지나치게 어려워하고 무의식적으로 피한다. 그걸로 충분할까? 그게 본인에게 도움이 될까? 이럴 때는 스스로 이런 질문을 해보아야 한다. '만약 당신이 상사라면, 묵묵히 있다가 결과만 가져오는 직원과 일하는 과정에서의 어려운 점과 잘된 점을 공유하는 직원 가운데 누구에게 더 관심과 애정이 생길까?' 상사를 어려워하는 것도 자기중심적인 시각이다. 늘 상사 입장에서 생각해야 한다.

둘째, 보고는 비생산적인 일이라는 생각이다. 보고는 끝네없는 일일까? 그렇지 않다. 특정 분야의 전문성이 높은 리더가 있다. 그는 상사와 잘 이야기하려 하지 않는다. 잘 모르는 상사를 대상으로 미주알고주알 업무를 알려주는 것이 시간 낭비라고 생각한다. 과연 그럴까? 그렇지 않다. 이는 오만한 시각이다. 회사는 혼자 일하는 곳이 아니다. 혼자서 할 수 있는 일은 거의 없다. 그렇기 때문에 늘 상사를 설득하고 상사의 이해를 얻기 위해 노력해야 한다.

셋째, 먼저 접근하는 것은 아부이고 정치적인 행동이라는 생각이다. 나는 정치하지 않는다, 내성적이다, 왜 상사 앞에서 아부를 하냐며 마치 독립투사처럼 행동하는 사람이 있다. 과연 이게 올바른 행동일까? 그럴듯하게 포장했지만 실은 자신의 안전지대를 벗어나는 걸 싫어하는 것이다. 사람들은 누구나 익숙하고 편한 행동 방식을 가지고 있는데, 그것이 안전지대다. 때로는 안전지대에서 벗어나야 잠재력을 발휘할 수 있다. 이를 위해서는 에너지와 용기가 필요하다.

리더는 소통의 달인이 되어야 한다. 소통은 단순히 말을 많이 하고 유창하게 하는 것을 의미하지 않는다. 늘 다른 사람 입장에서 사물을 볼 수 있어야 한다. 말을 하면서도 이 말을 듣는 사람이 무슨 생각을 하는지, 어떤 감정을 갖는지를 헤아릴 수 있어야 한다. 말하는 시간과 듣는 시간의 비율에도 신경 써야 한다. 말을 줄이고 듣는 시간을 늘리되 적절한 질문을 통해 상대에게 영감을 줄 수 있어야 한다.

소매형 커뮤니케이션에서 도매형 커뮤니케이션으로 전환도 해야 한다. 소매형은 한두 사람과 이야기하는 것을 말하고, 도매형은 많은 사람과 동시에 이야기하는 방식을 말한다. 리더가 되면 상대해야 하는 인원이 증가한다. 당연히 수많은 사람과 동시에 이야기할 수 있어야 한다. 새로운 도전이다. 소수의 인원과는 별문제가 없지만 다수의 인원 앞에서는 헤맬 수 있다. 훈련을 통해 극복해야 한다.

팀원과의 커뮤니케이션 못지않게 상사와의 커뮤니케이션이 중요하다. 상사는 당신보다 더 시간 부족에 시달린다. 그렇기 때문에 상사와 대화할 때는 분명한 의도와 초점이 필요하다. 효과적으로 상사의 의도를 파악하고 당신의 뜻을 전할 수 있어야 한다. 요령 중 하나는 사전에 어떤 방식의 커뮤니케이션이 편한지 상사에게 확인하는 것이다. 어떤 정보를 얼마나 자주 제공해야 하고, 어떤 방식이 편한지 확인해야 한다. 이메일이 편한지, 구두 보고가 편한지, 문자로 해도 되는지, 어떤 정보를 어느 정도 상세하게 원하는지, 긴급 보고를 원하는 사안에는 어떤 것이 있는지 등이다.

리더가 된 후 상사의 지나친 간섭을 불평하는 사람이 있다. 이는 상사만의 잘못이 아니다. 간섭이란 역으로 생각하면, 해당 리더가 상사가 궁금한 정보를 사전에 제공하지 못했기 때문에 발생한다. 즉, 리더의 잘못이 크다. 미리 커뮤니케이션에 대한 상사 의견을 묻고 상사가 원하는 방식으로 보고를 주고받으면 쓸데없는 간섭을 피할 수 있다. 자신이 하는 일에 대한 즉각적인 피드백도 받을 수 있고 그 과정에서 서로가 편안함을 느낄 수 있다.

리더가 되면 실적에 관해서도 소통을 활발히 해야 한다. 적극적으로 실적을 알려야 한다. 중요한 것은 리더인 당신의 실적이 아니라 팀 실적이다. 최고 경영진은 자신이 이룬 양 떠들어대는 사람을 싫어한다. 팀 성적이 좋으면 리더의 성적은 저절로 좋아진다.

고위 경영진에 대한 프레젠테이션도 소홀히 하면 안 된다. 철저히 준비해야 한다. 고위 임원을 만나기 전에 연습을 하지 않는 것은 무례한 일이다. 또 짧은 시간 안에 이야기할 수 있어야 한다. 그들은 시간이 부족하기 때문이다. 우리 프로젝트는 무엇에 관한 것이다, 이러이러한 이유로 회사에 중요하다, 당신에게는 이런 것을 의미한다, 당신이 이런 것을 도와주면 좋겠다 등등의 순서로 말하면 좋다.

리더십의 출발점은 주제 파악이다. 내 생각이 아닌 다른 사람 눈에 비친 자신의 모습을 객관적으로 아는 것이다. 그런데 이게 꽤 어렵다. 대부분의 사람은 나르시시스트Narcissist이기 때문이다. 내로남불의 전형이다. 내가 하면 로맨스, 남이 하면 불륜이라는 말이다. 리더 선발에서 가장 피해야 할 사람은 지나친 나르시시스트다.

자신을 알기 위한 도구로 '해리슨 어세스먼트Harrison Assessments'라는 평가 도구가 있다. 이 평가는 '자기 수용'과 '자기 개선'의 두 축으로 구성되어 있는데, 가장 바람직한 결과는 자기 수용과 자기 개선 둘 다 높은 것이다.

자기 수용은 높지만 개선 의지가 약하면 방어적인 태도가 된다. 진정한 나르시시스트다. 타인의 피드백을 받아들이지 못한다. 개선 의지는 높지만 수용이 약하면 자기 비판적이 된다. 자기 수용도 낮고 자기 개선도 낮으면 구제 불능이다. 받아들이지도 않고 개선 의지도 없는 사람이다. 당신은 어디에 해당하는가? 자기만 특별하다는 건 미성숙한 생각이다. 반대로 나는 아무것도 이니라는 식의 낮은 자존감도 자기 파괴적이다. 진정한 성숙은 치기 어린 자기중심성과 나르시시즘을 내려놓는 과정에서 나온다.

명료함은 선이고,
모호함은 악이다

리더십이란 무엇일까? 사람의 마음을 움직여 조직의 목표를 달
성하는 것이다. 그렇다면 어떻게 사람의 마음을 움직여야 할까?
바로 말이다. 리더가 가진 무기는 말 외에는 별로 없다. 리더는
말로 사람의 마음을 움직이는 사람이다. 그런데 어떤 말을 사용
하고 어떤 말을 하지 않아야 할까? 명료한 말을 하고, 모호한 말
을 하지 말아야 한다. 리더가 모호한 말을 하면 조직에 어떤 일이
일어날까? 하라는 말인지, 하지 말라는 말인지 헷갈리면 구성원
들은 어떤 생각을 할까? 그저 알아서 하라고 말하면 구성원은 그
말을 어떻게 받아들일까?

내가 생각하는 명료함은 두 가지다. 하나는 그 말에 대해 정확한 재정의를 내리는 것이다. 조직 안에서 그 말에 대해 누구나 같은 생각을 하게 만드는 것이다. 실행력이라는 말을 예로 들어보자. 자주 실행력을 높이자는 말을 한다. 이게 도대체 무슨 뜻일까? 내가 생각하는 실행력은 시작이다. 일단 시작을 하는 게 실행이다. 그런데 현실은 반대다. 자꾸 미룬다. 좀 더 검토해 보자고 한다. 좀 더 알아본 후 결정하자고 한다. 왜 그럴까? 하기 싫지만 하는 척을 해야 하기 때문이다.

다음은 비슷해 보이지만 다른 말의 차이를 명료하게 구분해 보는 것이다. 세 가지 예를 들어본다.

첫째, 참석과 참여의 차이다. 이 둘은 어떻게 다를까? 그 자리에 몸이 가는 건 참석이고, 마음이 가는 건 참여다. 참석은 강요할 수 있지만 참여는 강요할 수 없다. 회의에 참석해 보면 참석은 했지만 참여를 하지 않은 사람이 많다. 영어로는 참석은 'attendance'이고 참여는 'participation'이다. 참석보다 중요한 건 참여다.

둘째, 토론과 토의의 차이다. 토론은 특정 어젠다에 대해 반대인지 아닌지 이야기를 나누고 결론을 내는 것이다. 토의는 거기에 대한 자기 의견을 이야기해 보는 것이다. 토론debate은 나누어 겨루다는 뜻이다. 전쟁battle과 어원이 같다. 토의discussion는 떨어져서 흔들리게 한다는 뜻이다. 결론보다는 다양한 이야기를 한다는 의미다. 또 다른 말로 'Argue'가 있다. 그리스 신화에 등장하는 눈이 천 개가 달린 신에서 유래되었다. 사전에 예상되는 모든 문제점을 이야기해 실수를 줄이는 행위다. 비슷한 것 같지만 다르다. 회의 전에 토론인지, 토의인지를 먼저 짚고 이야기를 시작하면 편하다.

마지막은 걱정과 고민의 차이다. 걱정은 말 그대로 고민만 하는 것이다. 문제 해결을 위한 대안보다는 '어떡하지'만을 외치는 것이다. 고민은 다르다. 고민은 문제의 원인을 찾고 이를 해결할 방법을 모색한다. 걱정인지 고민인지 어떻게 구분할 수 있을까? 걱정은 힘이 들고 고민은 힘이 들지 않는다. 걱정을 하면 나도 모르게 힘이 든다는 말이 나온다. 고민할 때는 힘들지 않다. 이 궁리 저 궁리하기 때문에 오히려 에너지가 생긴다.

언어는 무엇일까? 내가 생각하는 언어의 가장 중요한 역할은 사고다. 생각을 하는 것이다. 우리는 언어로 생각한다. 언어를 모르면 생각할 수 없다. 그래서 그 사람이 말하는 것, 사용하는 언어를 보면 그 사람이 어떤 사람인지 알 수 있다. 그 사람이 무슨 생각을 하는지 알 수 있다. 모호한 말을 많이 한다는 건 그 사람 생각이 모호하거나, 생각의 정리가 되지 않았기 때문이다. 때로는 자신이 빠져나갈 구멍을 위해 일부러 그랬을 수도 있다. 리더는 명료해야 한다. 모호함을 피해야 한다. 명료함은 선이고, 모호함은 악이다. 현재 당신이 쓰는 말은 어떠한가?

비울 때 비로소 채워지는
리더의 시간

바쁠 '망忙'을 보면, 바쁘다는 것은 정신이 없다는 것과 같다. 정신 줄을 놓았다는 말이다. 리더가 너무 바쁜 것은 리더로서 역할 변화를 제대로 못 하고 있다는 것을 뜻한다. 리더는 실무자가 아니다. 실무자가 제대로 일을 하게끔 도와주는 사람이다. 그들을 돕기 위해서는 자신의 몸 상태가 최적의 상태를 유지할 수 있어야 한다. 늘 최상의 상태로 일하는 새로운 습관을 들여야 한다. 성공한 리더가 되기 위해서는 무조건 열심히 일하는 대신 최상의 컨디션으로 일할 수 있어야 하는데, 이를 위한 핵심은 빈 시간의 확보다.

수첩에 스케줄이 빽빽할 때 만족하는가? 듬성듬성하면 불편한가? 누구나 그렇지만 리더가 되면 예기치 않은 일이 자주 일어난다. 원래 하려던 계획에 더해 새로운 일이 몰려온다. 급한 일 때문에 원래 하려던 일을 하지 못하고 자꾸 일이 쌓이고 밀린다. 그런 상태에서 제대로 된 의사 결정을 하기는 쉽지 않다.

잘못된 의사 결정은 또 다른 일을 부르고 또 다른 일 때문에 또 시간을 써야 한다. 결과는 만성적인 시간 부족과 탈진이다. 결국 리더 자신이 지치고 조직도 지쳐 나가떨어진다. 조금씩 "리더로서 자격이 있는가?"라는 의문의 소리가 조직에서 나오기 시작한다. 그림이 그려지지 않는가? 어떻게 해야 할까? 일정에 빈 공간을 남겨야 한다. 숨 쉴 곳을 만들어 두어야 한다. 과로하거나 절박해하면 안 된다.

여기서 비움은 단순히 시간을 비워 놓는 게 아니다. 그 시간에 자신을 돌아보고, 제대로 일을 하는지 돌아보고, 미처 생각하지 못했던 것을 생각할 시간을 확보하는 것이다. 가득 차 있는 컵은 컵으로서 효용성이 없다. 스케줄이 빽빽한 리더도 마찬가지다. 너무 바쁜 리더는 예기치 못한 일에 대응할 수 없다. 팀원의 요구에 응할 수도 없다.

무대에서 어떤 일이 일어나고 있는지를 알기 위해서는 무대

위에 올라가 무심히 무대를 볼 수 있어야 한다. 주기적으로 제삼자의 입장에서 일을 볼 수 있어야 한다. 단 하루만 일 생각을 하지 않아도 더 명료하게 사고할 수 있고, 더 잘 소통할 수 있고, 긴장을 풀 수 있다. 새로운 관점을 위해서는 언제 자신이 최적의 상태가 되는지를 알아야 한다. '스위트 스팟sweet spot'을 찾고 몰입하는 시간을 확보해야 한다. 최적의 지점에서는 누구든 최고의 능력과 잠재력을 발휘할 수 있다. 이 지점은 지루함과 스트레스의 중간쯤 위치한다.

다시 한번 강조하지만 리더가 실패하는 가장 큰 이유는 역할 변화에 실패하기 때문이다. 이전의 방식이 성공적이기 때문에 그 방식 그대로 일을 하다 실패하는 것이다. GE의 전 회장 잭 웰치는 화공학 박사였다. 그런데 그가 사업부장이 된 다음에는 직원들에게 더 이상 '닥터 웰치'로 부르지 못하게 한다. 이유는 이렇다. "닥터란 전문가를 뜻한다. 하지만 나는 더 이상 전문가가 아니다. 내게 적합한 호칭이 아니다."

그는 본능적으로 역할 변화를 인지한 사람이다. 덕분에 성공했을 것이다. 리더로 롱런하고 싶은 사람은 다음 질문을 던져보라. 어떤 일을 할 것인가, 어떤 일을 하지 말 것인가, 가장 달라지는 역할은 무엇인가, 나는 그 역할을 잘하고 있는가, 내가 잘하고 있다는 사실을 어떻게 알 수 있는가. 이런 질문에 차분히 답하다 보면 새로운 리더의 역할에 성공적으로 적응할 수 있을 것이다.

다른 사람
신발 신기

현대 기업의 큰 문제 중 하나는 고객과 동떨어져 있는 사람이 의사 결정을 한다는 점이다. 학교를 졸업한 지 수십 년이 지난 사람이 교육정책을 좌지우지한다. 고객을 직접 만난 적이 몇 년은 된 사람이 영업 현장의 주요 정책을 흔든다. 그래서 '20대가 쓰는 서비스를 30대가 기획하고 40대가 결정한다'는 말이 있는 것이다. 당연히 이런 과정을 거쳐 나온 결과물은 시장에서 외면을 받는다.

리더는 공감 능력을 가져야 한다. 어떻게 하면 공감 능력을 가질 수 있을까? 지하철 사업 경영진이 지하철을 얼마나 자주 타

리더란 무엇인가

는지 궁금하다. 2호선의 경우는 주말도 주중 못지않게 붐빈다. 지하철이 띄엄띄엄 오기 때문이다. 경영진이 주말에 한 번이라도 지하철을 타본다면 바로 개선할 수 있다. 항공사 임원은 일반석을 타지 않는다. 당연히 현장에서 직원이나 고객들이 겪는 고통을 알기 어렵다. 공감하기는 더더욱 어렵다.

기업의 흥망성쇠를 결정하는 키워드는 고객과의 공감이다. 디자이너 퍼트리샤 무어Patricia Moore는 냉장고 신제품 콘셉트 회의 때 "관절염이 있거나 시력이 나쁜 사람 혹은 늙어서 힘이 약해진 사람의 입장을 고려해야 한다"라고 주장하지만 무시당했다.

결국 무어는 직접 노인의 삶을 경험하기 위해 모의실험을 해본다. 약병 뚜껑을 열기도 어렵고, 전화번호를 누르기도 힘들다. 시내버스 타는 것조차 노인들에게는 위험한 일이었다. 그녀는 3년간 실험을 하고 이를 바탕으로 제품을 새롭게 개선하고 차별화하면서 큰 성공을 거둔다.

노인 인구가 증가한다고 말은 하지만 그들과 공감하기는 쉽지 않다. 하지만 그들과 공감할 때 새로운 사업 기회가 생기는 법이다.

반면에 공감 능력이 부족해서 몰락한 회사들의 사례를 살펴보자. 미국 자동차 회사들은 수익률은 높지만 기름 소모가 많은 SUV와 대형 트럭에 지나치게 의존하는 바람에 유가 급등에 따라 치명타를 입었다. 그러나 본질적인 원인은 다른 곳에 있다. 미국의 3대 자동차 제조사들이 몰려 있는 디트로이트에 가보면 알 수 있다. 다른 도시와 달리 이곳에는 미국산 차만 가득하다. 왜 그럴까? 회사는 고위 간부에게 최신 자동차를 무료로 사용할 수 있게 하고 연료까지 모두 지원했다. 더 나아가 'A플랜'을 만들었다. 직원들이 차를 살 때 큰 폭으로 할인해 주는 제도다. 직원뿐 아니라 그들의 친구와 가족에게까지 이 제도를 확대했다. 그런 이유로 디트로이트 지역은 미국산 차만 가득했다.

게다가 2006년 포드는 자기 회사 차만 주차장에 주차할 수 있도록 제한했다. 이 조치로 인해 포드는 완전히 고립되고 포드 직원들은 더욱 한정적인 왜곡된 시각으로 세상을 보게 되었다. 경쟁사들이 소비자들에게 어떤 제품을 제공하고 있는지 알지도 못하는 기업이 무슨 수로 그들과의 경쟁에서 우위를 차지할 수 있겠는가.

한때 도탄에 빠진 IBM을 구한 사람은 나비스코 출신의 루 거스너Lou Gerstner다. 그는 한때 자신이 IBM의 고객이었기 때문에 누구보다 IBM의 관료주의를 잘 알고 있었다. 회사가 커지면서 고객과 공감하는 능력이 떨어졌고 그 때문에 위기가 닥쳤다고 생각한 것이다. 그는 회의 때마다 직원들에게 고객으로부터 무슨 이야기를 들었는지 물었다. 이 때문에 모든 직원은 기술적인 부분보다 회사 밖의 사람들이 IBM에 대해 무슨 말을 하고 있는지 귀 기울여야 했다.

핵심은 간단했다. 최고 경영자 50명이 3개월 안에 IBM의 가장 큰 고객을 각자 5명 이상 만나 이야기를 듣는 것이다. 제품을 판매할 필요는 없다. 그 대신 고객의 고민과 그 고민을 해결하는 데 IBM이 도움이 될 수 있는 방법을 고객으로부터 들어야 한다.

모든 이야기를 들은 IBM은 고객의 요구를 해결하기 위해 즉각적인 조치를 취했다. 루 거스너는 직원들에게 항상 "고객들이 지금 우리에게 하고자 하는 말이 무엇입니까?"라는 질문을 던졌다. 그 결과, 대기업에게 인터넷 기반 시스템을 구축해 주는 새로운 사업을 시작했고 IBM은 살아났다. 이처럼 고객과의 공감을 위해서 직원들이 일상에서 고객의 입장이 되어 경험할 수 있게 해야 한다.

반대로, 노스웨스트 항공의 실수는 공감 없는 정책이 어떤 결과를 가져오는지 보여준다. 2006년 8월, 회사는 〈재정 위기에 대처하는 법Preparing for a Financial Setback〉이라는 안내 책자를 해고당한 직원들에게 발송했다. 취지는 해고당한 사람을 도와주는 것이었다. 하지만 해고자의 생활과 심정을 알지 못하는 사람들이 이 책자를 만들었다는 점이 문제였다.

책에는 '돈을 절약하는 101가지 방법'이라는 내용이 있었다. 대출 이자를 유리하게 하기 위해 은행과 협상하라, 옷은 제철이 지난 다음 구입하면 싸다 등 누구나 알고 있는 내용이었다. 절정은 '쓰레기더미에서 당신이 원하는 것을 줍는 것을 창피하게 생각하지 말라…'라는 내용이었다. 해고자의 입장에서는 최악의 조언이다. '해고에 대해 너무 걱정하지 말라. 쓰레기장에 가면 원하는 것은 무엇이든 얻을 수 있다'는 말과 같으니 모욕도 이런 모욕이 없었다. 회사는 엄청난 비난에 직면했다. 공감 없는 정책이 불러온 참극이다.

책상 위의 보고서를 믿어서는 안 된다. 높은 빌딩 사무실에서 내부 임원들하고만 식사를 하고 매일 자가용으로 출퇴근을 하면서 고객들이 무슨 생각을 하고 있는지, 무엇을 원하는지 알 수 없다. 공감 능력을 키우기 위해서는 다른 사람의 신발을 신고 걸어 볼 수 있어야 한다.

리더의
자기 인식

유명 대기업 사장으로 일하고 있는 친구가 있다. 이 친구는 자타가 공인하는 엘리트다. 그런데 골프 라운딩을 하면 사람이 달라진다. 미스 샷을 할 때마다 멍청이, 멍청이 하면서 스스로를 심하게 구박한다. 주말 골퍼가 미스 샷 하는 건 당연한데 친구는 이를 절대로 받아들이지 못한다.

당신은 자신에 대해 어떻게 생각하는가? 아주 똑똑하다고 생각하는가? 아니면 멍청하다고 생각하는가? 혹시 스스로를 멍청하다고 생각하는가? 아니면 나를 제외한 모두를 멍청이로 생각하는 건 아닌가?

주변에 우리를 괴롭히고 분통 터지게 하는 사람이 참 많다. 눈치 없이 행동하고, 헛소리를 늘어놓거나, 어리석은 결정을 내린다. 다양한 방법으로 사람들을 못살게 군다. 이처럼 오만하고 이기적이고 말이 통하지 않는 사람을 만날 때면 인내심에 한계를 느낀다.

이들은 바보 같은 짓을 하면서도 자신이 바보라고 생각하지 않는다. 근거 없는 자신감으로 우기는 데 선수다. 상대 의견이나 감정은 개의치 않는다. 이들의 공통점은 대부분 자신이 멍청이라는 사실을 모른다. 늘 자신이 옳다고 확신한다. 멍청할수록 자신의 멍청함을 인정하지 않는다. 오히려 주변 사람을 멍청하다고 단정 짓는다. 누군가 "전부 멍청이야!"라고 말하면 그 사람이 멍청이일 가능성이 높다.

이들은 자기 인식이 떨어진다는 특징이 있다. 남들이 자기를 어떻게 보는지를 인식하는 대신 자아도취에 빠져 현실을 객관적으로 인식하지 못한다. 행동이 과장되어 있으며 다른 사람에게 주목받기를 원하지만 공감 능력이 부족하다. 이런 유형의 사람들을 몇 가지 부류로 나눌 수 있다.

첫째, 사악하고 망상증이 있는 부류다. 남을 조롱하고 착취하

며 속이는 유형이다. 독선적이고 적대적이고 공격적이다. 공감
능력이 전혀 없다. 자신은 모든 권리를 누릴 자격이 있다고 확신
하며 거만하게 군다.

둘째, 불안정하고 나약하며 우울하고 소심하며 비판적인 부
류다. 지나치게 높은 목표를 설정하고 완벽주의자일 가능성이 있
다. 열등감을 감추기 위해 거만하게 군다. 위협을 받는다고 느끼
면 더욱 거만하게 나온다.

셋째, 거만하고 경쟁심이 강하고 자랑하기를 좋아하고 유혹
적이고 카리스마가 있는 부류다. 끝없이 권력을 추구한다. 활기
차고 지적이며 인간관계가 원만하며 자기계발을 추구한다. 지도
사, 예술가, 학자 중 이런 유형이 많다.

넷째, 멍청하고 부정적 편향이 강한 부류다. 긍정적인 것보다
는 부정적인 것에 더 비중을 두고 주목한다. 부정적 편향은 의견,
편견, 낙인, 차별, 미신에 막대한 영향을 끼친다. 무언가를 잃었을
때 자신의 실수가 아니라 다른 사람이 자기 물건을 치웠다고 생
각한다.

다섯째, 귀인이론Attribution theory을 적용할 수 있는 부류다.
자신이 바라는 대로 일이 이루어지지 않으면 그 사람을 오해하거
나 비난한다. 문자를 했는데 답신이 바로 오지 않으면 상대방에게

사정이 있다는 생각 대신 상대방이 자신을 무시했다고 생각한다.

내가 멍청한 리더인지 아닌지 판단할 수 있는 다음의 체크리스트가 있다.

주변 사람을 다 무능력한 멍청이라고 생각한다. 이 슬픈 진실을 자주 주변에 알려준다. 자신이 원래는 친절했는데 멍청한 인간들과 일하면서 불친절한 사람이 되었다고 주장한다. 주변 사람을 믿지 않고 주변 사람 역시 그를 믿지 않는다. 동료들을 항상 경쟁 상대로 생각한다. 최고가 되려면 다른 사람을 밀어내야만 한다고 생각한다. 다른 사람의 고통을 남몰래 즐거워한다.

결과가 어떤가? 해당 사항이 없다면 당신은 멍청이가 아니다.

아는 것과 멍청함 사이에는 어떤 관련이 있을까? 많이 배우면 지혜로워질까? 무지와 멍청함 사이에는 별 관계가 없다. 많이 안다고 지혜로운 것도 아니고, 무지하다고 멍청한 것도 아니다. 오히려 무지는 지식을 흡수하는 강력한 원동력이다. 단, 스스로 무지하다는 사실을 알고 인정해야 한다. 사실은 그렇지 않은데 자신이 충분히 안다고 확신하는 사람이 바로 멍청이다.

괜찮았던 사람이 멍청해지는 경우도 종종 있다. 권력을 갖게 될 때 그렇다. 권력은 한때의 역할 변화에 불과한데 자신이 대단한 사람이 된 것으로 착각하기 때문이다. 사실 일반인이 멍청한건 개인의 문제에 그치지만 권력을 가진 리더가 멍청한 건 개인의 문제를 넘어 조직의 문제와 사회 문제, 국가 문제가 된다.

멍청함에서 벗어날 수 있을까? 나아질 가능성이 있을까? 간혹 힘든 일을 겪은 후 나아지기도 한다. 공자가 이야기하는 '곤이불학困而不學'이다. 곤란한 일을 겪은 후 배운다는 것이다. 하지만그런 일을 겪고도 나아지지 않는 사람이 있다. 벗어나는 방법은한 가지뿐이다. 주변에 솔직한 피드백을 할 수 있는 사람을 한 명두고 늘 그에게 피드백을 받는 것이다. 내가 잘하고 있는지, 어떤길 개선하면 좋을지를 묻는 것이다.

또 다른 하나는 자기 반성이다. 남을 의심하고 비판하기 앞서내 생각을 의심하는 것이다. '저 사람은 왜 저 모양이야'라는 생각 대신 늘 '내가 틀릴 수도 있다'라는 생각을 해야 한다.

최근 본인의 확신이 무너진 경험을 한 적이 있는가? 내 생각이 틀렸다는 사실을 깨달은 적이 있는가? 최근 몇 년간 그런 경험이 없으면 당신은 멍청이일 가능성이 있다. 자신을 되돌아보라.

리더는 태평성대일 때 걱정한다

"진보를 위해서는 위급한 상황이 필요했다. 램프를 만든 것은 어둠이었고, 나침반을 만들어낸 것은 안개였고, 탐험하게 만든 것은 배고픔이었다. 그리고 일의 진정한 가치를 깨닫기 위해서는 의기소침한 나날들이 필요했다." 빅토르 위고Victor Hugo의 말이다.

일반적으로 사람은 아무 일 없이 태평성대太平聖代가 계속되기를 기대한다. 그러면 어떤 일이 일어날까? 별다른 변화가 없을 것이고, 그러면 발전이 없다. 사람은 위기를 감지하고 이 위기를 극복하기 위해 노력할 때 가장 크게 변화하고 성장할 수 있다.

이와 관련하여 대표적으로 사우스웨스트 항공의 사례가 있다. 이 회사는 초기에 빚이 늘면서 비행기 세 대 중 한 대를 팔아야 하는 상황이 되었다. 이를 만회하기 위해서는 이착륙 시간 단축이 필수였다. 30분 이상 걸리는 일을 15분만에 해야 했다. 승무원 교대, 청소, 하역, 짐 싣기, 기름 넣기 등등의 일을 빠르게 처리했다. 처음에는 할 수 없이 했던 이 일이 나중에는 이 회사의 핵심 경쟁력이 되었다. 절박한 상황이 경쟁력을 높인 것이다.

2004년 현대중공업은 러시아로부터 원유 운반선 제작을 의뢰받았다. 그러나 도크가 꽉 찬 상태였다. 다른 선박을 건조하느라 여유가 없었지만, 발주를 거절할 수는 없었다. 그래서 나온 게 육상 건조법이다. 일단 육상에서 선박을 건조한 다음 바다에 띄우겠다는 계획이었고, 실제로 육상에서 선박을 건조한 다음 밑에 레일을 깔아 바다에 띄우는 데 성공했다.

대부분 위기는 위험한 상황에 처해 있는 상태를 일컫는다. 하지만 상황이 벌어졌을 때는 이미 늦다. 진정한 위기는 다가올 미래와 현재 사이의 간극의 차이를 인식하는 것이다. 즉, '앞으로 미래가 어떻게 바뀔 것이다. 그런데 우리 조직은 현재 이런 상태라 이대로 가면 큰일 나겠다'는 심각성을 인식하는 것이다. 리더는 항상 위기의식을 느껴야 한다. 그래야 성장할 수 있다.

지금은 괜찮지만 이런 식으로 살면서 내가 원하는 미래를 살 수 있을까? 내부분 진땀이 날 것이다. 지금처럼 살면 되지 않는다는 걸 누구나 느낄 수 있기 때문이다. 미래와 현재 사이의 차이를 느낄 수 있으면 그 차이를 줄이기 위해 노력할 것이고, 수단과 방법이 달라질 것이다.

위기를 인식하는 것 역시 능력이다. 남들은 아무 생각이 없을 때 사전에 미리 위기를 감지하는 일은 아무나 할 수 있는 일이 아니다. 리더만이 할 수 있는 일이고, 해야만 하는 일이다. 그런 일을 할 수 없는 사람이 리더의 자리에 있으면 그 조직은 재앙이다. 현실과 목표 사이의 차이를 인식하고, 이를 성장의 동력으로 삼아야 한다.

위기의식은 에너지의 원천이다. 불안과는 다르다. 불안은 막연한 공포 의식 혹은 걱정이다. 위기를 직시하는 대신 방치했을 때 일어나는 막연한 감정이다. 주로 게으른 사람이 자주 느끼는 감정으로 본인도 이렇게 살아서는 안 된다는 걸 본능적으로 알기 때문이다.

다가올 미래를 전망하고 현재를 돌아봐야 한다. 지금 여기 안주하는 대신 5년 후에 어떻게 될지를 미리 생각하는 것이다. 그

때는 시장이 어떤 식으로 변할지, 지금처럼 살아도 될지에 대해 미리 걱정하는 것이다. 이러한 위기 인식 과정에서 정신이 번쩍 나면서 지금 해야 할 일들이 떠오른다. 따라서 미리 준비할 수 있고, 어려움이 닥치기 전에 대비할 수 있다.

위기가 닥친 후에는 늦다. 최악의 리더는 안주하는 사람이다. 미리 샴페인을 터뜨리는 사람이다. 위기를 사전에 감지하지도 못하고 누구나 위기라고 하는데 정작 본인은 위기가 아니라고 떠드는 사람이다.

위기는 갑자기 나타나는 것 같지만 사실은 오랫동안 쌓이고 쌓인 압력이 폭발한 결과다. 이럴 때 어떻게 해야 할까? 《대변동》의 저자 재러드 다이아몬드Jared Diamond는 국가적 위기 해결 방법에 대해 이렇게 정리했다. 위기에 빠졌다는 것에 대한 합의가 가장 먼저다. 이게 가장 중요하다. 다음은 무언가를 해야 한다는 책임을 수용하는 것이다. 그리고 문제를 정확히 정의한 다음 그 문제를 하나하나 해결해야 한다.

위기는 성공을 향한 기회이고, 태만은 실패로 가는 지름길임을 명심하라. "역사적 성공의 반은 죽을지도 모를 위기에서 비롯되었다. 역사적 실패의 반은 찬란했던 시절에 대한 기억에서 비롯되었다." 아놀드 토인비Arnold Toynbee의 말이다.

3장

Notes for
Changing Leaders

리더는 자신의 성과로만 말하는 사람이 아니다. 리더는 무대감독
과 같고, 연극 전체로 평가받는다. 배우들과 소통하고 막을 구성
하며 막이 오르면 그들이 마음껏 연기를 펼칠 수 있는 환경을 조
성해야 한다. 리더는 그런 사람이고, 그래야 리더의 자격이 있다.
하나의 극을 이끄는 무대감독이 되려면 팀원과 함께할 시간이 필
요하다. 팀원과의 관계를 중시하고 그들과 효율적으로 소통하라.

지금은 당신의 리더십을 점검할 때

리더는 무대 위에 서 있는 배우와 같다. 객석에 있는 팀원들은 1년 365일 상사의 일거수일투족을 살핀다. 행동을 관찰하고 말과 행동 사이의 간극을 찾기 위해 노력한다. 그들은 리더의 행동을 통해 그가 어떤 사람인지 파악한다.

그렇기 때문에 직급이 올라갈수록 팀원을 두려워해야 한다. 말과 행동이 일치하는지 반성해야 한다. 말을 줄이고 팀원의 말을 듣는 데 시간을 할애해야 한다. 내가 얼마나 잘났는지를 떠드는 대신에 팀원이 어떤 사람인지를 알기 위해 애를 써야 한다. "백성은 물과 같다. 배를 띄우기도 하지만 때로는 배를 뒤집기도 한다"라는 옛말을 늘 기억해야 한다.

사람에게 집중한다는 게 꼭 그들 눈치만 살피라는 것은 아니다. 존중하되 할 말은 하고 야단칠 것은 야단치고 지켜야 할 것은 지키게 해야 한다. 회의 시간에 늦는 것을 방치해서는 안 된다. 그런 나쁜 버릇이 습관이 되면 가장 큰 피해자는 본인이기 때문이다. 오자와 탈자로 범벅이 된 보고서에 사인을 해서도 안 된다. 현장에 가보지 않고 대충 쓴 리포트를 간과해서도 안 된다.

리더는 기본에 충실하도록 팀원에게 피드백해야 한다. 청결하고 정리 정돈 잘하기, 약속 시간 칼같이 지키기, 하기로 한 것은 반드시 하기, 구태의연하게 일을 처리하기보다는 새로운 방식으로 끊임없이 변화하기 등을 강조하고 독려하는 것이 리더가 할 일이다. 리더의 피드백은 의무이고 책임이고 권한이다.

리더의 역할 중 하나는 팀워크를 높이는 것이다. 뛰어난 개인보다 평범한 팀이 더 나은 성과를 낼 수 있는데, 팀워크를 높이기 위한 최선의 방법 중 하나는 팀원들과 밥을 자주 먹는 것이다. 사람은 같이 밥 먹을 때 친해진다. 어떤 이유에서든 구성원들이 따로 밥을 먹고 리더와 팀원들이 밥을 같이 먹지 않는다면 그 조직은 골병이 들고 있다고 봐야 한다.

당신의 리더십을 알고 싶은가? 갑작스레 회식을 제안해 보라. 선약을 취소하고 환호성을 지르면서 기쁜 마음으로 따른다면 건강한 조직이다. 만약 이런저런 핑계를 대면서 빠진다면 리더십은 위기에 처해 있다. 오래전에 잡은 회식에도 빠진다면 당신은 이미 리더가 아니다. 떠날 준비를 해야 한다.

리더는 팀워크로 일하는 사람이다. 그렇기 때문에 팀원을 믿어야 한다. 팀원 또한 당신을 믿을 수 있어야 한다. 혼자 일하는 사람은 리더십이 없어도 된다. 리더는 혼자 일하는 사람이 아니라 팀원과 일하는 사람이다. 유능한 리더는 개인기가 아닌 팀워크로 성과를 내야 한다. 이유야 어찌되었든 팀 내부에서 잡음이 들려오고, 위아래가 따로 놀고, 팀끼리 반목한다면 그건 철저히 리더 책임이다.

팀워크를 키우기 위해서는 팀원을 존중해야 한다. 내 덕분에 저들이 있는 게 아니고 저들 덕분에 내가 있다고 생각해야 한다. 내가 조명을 받는 대신 그들이 한 성과가 빛을 받을 수 있어야 한다. 팀이 빛을 내면 당신은 그 빛 덕분에 빛이 나는 것이다. 쓸데없는 자존심, 나만이 빛나고 싶은 이기심을 조심해야 한다. 이런 것이 팀워크를 깬다. 늘 팀에게 먼저 기회를 주어야 한다. 충분히 지원하되 인내심을 갖고 기다릴 수 있어야 한다. 이것이 늘 성공

리더란 무엇인가

하는 것은 아니다. 때로는 실패한다. 하지만 실패를 겪으면서 강해지고 성공할 수 있다.

진정한 팀워크를 만들기 위해서는 'GRPI'를 기억해야 한다. 목표Goal, 역할과 책임Role and Responsibility, 계획과 프로세스Plan and Process, 대인 관계의 규범Interpersonal Norms이 중요하다. 목표 설정에는 팀원들을 참여시켜라. 그래야 팀이 목표를 이해하고 책임감을 느낀다. 팀 차원의 문제 해결을 장려하라. 팀원들이 함께 문제를 해결하고 의견 충돌을 해소할 수 있도록 하라. 다양한 견해가 표출되는 분위기를 만들어라. 정직함을 위해 반대 의견을 가진 사람을 존중하는 것도 필요하다. 정직한 피드백을 권장하라. 무엇보다 팀원들에게 존중심을 표하고 신뢰를 얻어라.

리더십은 거대한 이야기가 아니다. 삶에서 묻어나야 한다. 리더와 구성원이 서로에 대해 알아야 한다. 그래서 시간이 지날수록 애정이 깊어져야 한다. 당신은 지금 팀원에 대해 어느 정도 알고 있는가? 그것이 전부라고 생각하는가? 팀원은 당신에 대해 어떻게 생각하는가? 당신이 등장하면 파티 분위기가 되는가, 아니면 좋았던 분위기가 썰렁해지는가? 늦기 전에 당신의 리더십을 점검하라.

리더의
역할

대부분 회사들이 코로나로 재택근무를 하고 있다. 그런데 이에 대한 직원과 팀장, 혹은 임원의 생각에 차이가 존재한다. 상황에 따라 조금 차이는 있지만 대부분의 직원은 재택근무에 대해 긍정적이다. 90퍼센트 이상의 직원이 가급적이면 재택근무를 하고 필요에 따라 일주일에 한두 번만 회사에 나와도 충분하다고 이야기한다.

과연 임원이나 팀장도 그렇게 생각할까? 팀장들 생각은 다르다. 반 이상의 팀장은 부정적이다. 그들은 눈앞에 팀원들이 있어야 안심한다. 왜 이런 차이가 존재할까? 일에 대한 관점이 다르기 때문이다. 직원 입장에서 재택근무의 가장 좋은 점은 무엇일까? 일단 출퇴근 시간에 에너지와 시간을 뺏기지 않는다. 이게 가장 크다. 많은 직원이 길게는 한 시간 이상을 출퇴근하는 데 쓴다. 붐비는 교통수단을 이용해 가장 머리가 맑은 시간에 출근한다는 건 그 자체로 시간 낭비다. 오고 가느라 몸과 마음은 이미 지치기 때문이다.

또 다른 하나는 몰입도의 향상이다. 같은 공간에서 다 같이 근무하면 집중하기가 힘들다. 수시로 상사가 부르고 동료가 말을 걸고 남의 전화 소리와 같이 듣지 않아도 될 소리에 신경이 쓰인다. 무엇보다 가장 큰 방해 요인은 회의다. 수시로 회의를 하느라 일을 할 수 없다.

그런데 팀장의 입장은 사뭇 다르다. 이들은 뚜렷한 자기 일을 직접 하기보다는 팀원이 하는 일의 관리와 감독을 그들 일로 생각한다. 그래서 팀원들이 보이지 않으면 불안해한다. 무엇보다 회의에 대한 두 계층의 시각 차이가 크다. 팀원은 회의 때문에 일을 하지 못한다면서 회의가 자신의 일이 아니라고 생각하지만 팀장은 회의하는 게 자신의 일이라고 생각한다. 그래서 회의를 하지 못하면 불안하고 초조해한다. 과연 사실일까? 회의를 하는 게 리더의 역할일까?

앞으로는 원하건 원치 않건 비대면으로 흘러갈 수밖에 없다. 이는 도도한 시대의 흐름이고 받아들여야 한다. 가장 중요한 변화는 역할 변화에 대한 인식 변화다. 그동안 팀장의 역할은 팀원의 관리와 감독, 회의 주재, 상사의 지시를 아래에 전달하는 일 등이었다. 물론 그 외의 것들도 있지만 대부분 팀장은 이런 걸 자기 일로 생각해 왔다. 더 이상은 그렇지 않다. 비대면에서 팀장의 가장 중요한 역할은 무엇일까?

우선, 명확한 일의 구분이다. 역할과 책임에 대해 명료하게 정의하고 전달해야 한다. 대충 알아서 하라고 하면 안 된다. 무슨 일을 언제까지 어떤 형태로 해야 한다는 걸 팀원들에게 명확하게 전달할 수 있어야 한다. 둘째, 피드백이다. 팀원이 한 일에 대해 그때그때 확실하게 피드백을 해야 한다. 잘한 일은 잘했다고 하고, 고칠 것은 이렇게 고치라고 해야 한다.

셋째, 갈등 해결 및 조정이다. 각각 보이지 않는 곳에서 일하고 결과물로 이야기를 하다 보면 당연히 오류가 많이 발생한다. 기대치와 결과물이 다를 수도 있다. 마감 일정을 맞추지 못해 개인 간 갈등이 생기기 쉽다. 한 사람의 잘못 때문에 다른 사람이 대가를 치러야 하는 일도 있다. 오프라인에서는 그때그때 바로 처리할 수 있지만 온라인에서는 이런 조정이 쉽지 않다. 그러다 보면 갈등의 골이 깊어질 수 있는데 여기에 적극적으로 대응해야 한다.

넷째, 새로운 사업 개발이다. 새롭게 가치 있는 일을 찾아야 한다. 재택근무를 한다는 것은 판이 바뀐다는 것이고 판이 바뀌면 일하는 방식이 달라져야 하고 거기에 따른 역할의 재조정이 필요하다. 정답은 없다. 상황에 따라 질문을 던지고 스스로 정답을 찾아야 한다. 당신이 생각하는 역할 변화는 어떠한가? 일하는 방식이 어떻게 바뀌어야 한다고 생각하는가?

리더에서
코치로의 전환

누구보다 팀장과 임원 코칭을 많이 하는 내가 자주 듣는 이야기 중 하나는 바로 MZ세대와 일하는 데 어려움에 관한 것이다. 이런 식이다. 예전의 자신과 다르다, 할 말을 다하고 하기 싫으면 정면으로 거부한다, 칼퇴근을 당연하게 생각하고, 늘 이 일을 왜 해야 하는지 따진다 등등.

이런 이야기를 들을 때마다 그게 당연한 것 아닌가 하는 의문을 갖는다. 이전 세대보다 지금 세대가 훨씬 건강하게 일을 한다고 생각한다. 상사라는 이유로 이상해도 아무 말 하지 못하는 게 정상일까? 이 일을 왜 해야 하는지 묻는 건 당연한 거 아닐까? 퇴근 시간에 퇴근하면 되지 왜 상사에게 이를 보고해야 하는가? 지금 세대를 이상하게 생각하는 게 오히려 마음에 들지 않는다.

어떻게 하면 MZ세대에게 좋은 리더가 될 수 있을까? 어떻게 해야 이들과 잘 소통할 수 있을까? 핵심은 도움이 되면 된다. 무언가 배울 게 있고 상사를 만나는 것이 즐겁다는 느낌을 주면 된다. 줄여서 리더에서 코치로의 전환을 제안한다. 지시하는 리더에서 성장을 도와주는 코치가 되면 리더 자신도 성공하고, 팀원도 성장하고, 팀은 성과를 낼 수 있다.

구글과 애플 등 여러 기업의 성공에 결정적인 역할을 한 사람으로 유명한 실리콘밸리의 위대한 코치 빌 캠벨Bill Campbell을 소개하고 싶다. 손대는 기업마다 시가총액 1조 달러를 돌파해 '1조 달러 코치'라고 불렸고, 구글의 전 회장 에릭 슈밋Eric Schmidt은 "그가 없었다면 애플도 구글도 지금의 모습이 되지 못했을 것"이라고 말할 정도였다.

매주 일요일마다 스티브 잡스와 산책을 하고, 구글의 창업자들이 스승으로 삼았으며, 제프 베이조스를 아마존에서 해임될 위기에서 구해냈다. 그가 떠난 지금 실리콘밸리의 많은 리더는 중요한 의사 결정을 할 때면 '빌이라면 어떻게 했을까?'라고 생각한다. 인튜이트 설립자 스콧 쿡Scott Cook의 말처럼 실리콘밸리 리더들에게 빌 캠벨만큼 중요하고도 폭넓은 영향을 미친 사람은 없다.

어떻게 하면 캠벨 같은 사람이 될 수 있을까? 첫째, 인간 존중이다. 리더십의 핵심은 인간 존중이다. 구성원을 직원이 아닌 인격체로 대하는 것이다. 빌은 사람들을 아꼈다. 모든 사람을 존중했고 그들의 이름을 외웠으며 따뜻하게 인사했다. 동료의 가족들에게도 관심을 기울였다.

둘째, 이타심이다. 그는 진심으로 다른 사람을 돕기 위해 애를 썼다. "당신의 밤잠을 설치게 만드는 것은 무엇입니까?"라는 질문에 빌은 항상 "직원의 안녕과 성공"이라고 답했다. 직원의 업무뿐 아니라 삶에도 관심을 기울였다. 항상 스몰 토크로 대화를 시작했고 직원이기 이전에 한 명의 인간으로서 사람을 알아갔다. 회의는 주말에 있었던 일을 이야기하는 것으로 시작했다. 스티브 잡스가 췌장암에 걸린 사실을 누구보다 먼저 알고 거의 매일 스티브의 집에 찾아가 돌보았다.

셋째, 팀워크를 앞세웠다. 기업은 개인이 아닌 팀이 일하는 곳이다. 아무리 뛰어난 개인도 팀을 넘어설 수는 없다. 비즈니스 세계에서도 팀을 위해 개인의 성과를 양보할 수 있는 사람들로 이루어진 팀은 그렇지 않은 팀보다 좋은 성과를 낸다. 팀의 승리를 위해서는 공통된 목표 아래 하나된 공동체를 만들 수 있어야 한다.

팀을 만들기 위해 가장 중요한 전제 조건은 무엇일까? 바로 신뢰다. 캠벨이 생각했던 신뢰는 '약한 모습을 보여줘도 안전하다는 확신'이다. 빌은 항상 자연스러운 모습을 있는 그대로 보여주면서 괜찮은 관계를 만들었고, 상대에게도 투명함을 요구했다. 당연히 그가 하는 말은 언제든 믿어도 되었다.

리더십의 핵심은 코칭이다. 지시하고 통제하는 대신에 코칭을 통해 사람을 리드하는 것이다. 코칭의 핵심은 의식awareness과 책임이다. 질문을 통해 통찰과 의식을 갖게 하고, 스스로 해법을 찾아내 그에 대한 책임감을 갖게 하는 것이다. 일방적인 지시를 받은 팀원은 머리를 사용하지 않고 손발만 사용한다. 당연히 팀원의 의식은 개발되지 않고 책임감 또한 부족하다. 코칭은 다르다. 스스로 생각하고 결정하고 책임지게 한다. 이를 위해서는 가장 먼저 상대의 마음 문을 열어야 한다. 상대를 인정하고 격려하고 칭찬해야 한다.

다음은 경청이다. 리더는 듣는 사람이다. 리더는 월급의 60퍼센트를 듣기 때문에 받는다. 들어야 상대를 알 수 있다. 그가 무슨 생각을 하는지, 그 사람의 가치관이 무엇인지를 알 수 있다. 경청은 두 귀로 상대를 설득하는 방법이다.

다음은 질문이다. 리더는 질문하는 사람이다. 좋은 질문을 던져 상대방으로 하여금 생각하게 해야 한다. 대부분의 리더는 질문 대신 훈계를 한다. 리더가 훈계할 때 팀원들은 무슨 생각을 할까? '내가 지금 그걸 몰라서 그러는 게 아니에요'라고 생각한다. 그런 면에서 일방적으로 조언하는 건 하수다. 중수는 "어떻게 하면 실수를 줄일 수 있을까?", "그동안 어떤 노력을 해왔는가?", "효과가 있었던 건 무엇이고 없던 것은 무엇인가?"와 같은 질문을 한다. 방법론에 대한 질문이다.

고수는 의미에 관한 질문을 한다. "우리 회사에서 어디까지 올라가고 싶은가?", "이 직장에서 성공하는 것이 어떤 의미가 있는가?", "일이 당신에게 어떤 의미를 갖나?"와 같은 질문이다. 왜를 아는 것이 가장 중요하다. 다음이 무엇이고 마지막이 어떻게이다.

리더는 할 일을 정의하고 물러서야 한다. 왜 이 일을 하는지, 무엇을 해야 하는지, 그 일을 어떻게 할지 가운데 두 가지에 집중해야 한다. '왜'와 '무엇'이 그것이다. 그 일을 왜 하는지와 어떤 일을 알지에는 철저하게 관여하라. 그리고 그 일을 어떻게 하는지는 팀원에게 맡겨라.

물론 당신이 더 좋은 방법을 알고 있을 가능성이 높다. 그래서 팀원들이 잘못된 방식으로 일하다 실패하면 어쩌지 하는 걱정을 할 수 있다. 대안은 팀 코칭이다. 일일이 간섭하지 않으면서 역량을 강화하는 방법이다.

코칭은 해답보다는 질문을 강조한다. 적절한 개방형 질문을 통해 방법을 스스로 찾게끔 한다. 스스로 목표와 현재 상황을 생각하게 한다. 이게 중요하다. 주제 파악을 하게 만드는 것이다. 다음은 어떤 옵션을 갖고 있는지 알게 한다. 옵션을 선택할 때 생기는 이익과 위험도 물어본다. 최종적인 모습도 그리게 한다. 그런 과정을 통해 직원들은 스스로 답을 선택하고 당신은 마음의 평화를 누릴 수 있다.

오래된 기업에는 나이 든 사람이 너무 많고, 새로 만든 스타트업에는 젊은 사람이 너무 많다. 이 두 층이 조금 섞이면 어떨까. 경험 많고 지혜로운 사람들이 스타트업으로 가면 시너지가 날 것이다. 그런데 가고 싶다고 갈 수 있는 건 아니다. 준비가 필요하다. 어떤 자격을 갖춰야 할까? 스타트업에서 어떤 사람을 원할까?

영화 〈인턴The Intern〉에 나오는 주인공 벤 휘태커가 좋은 모델이다. 제목은 인턴이지만 사실 내용은 코치다. 그의 특징은 첫째, 함부로 나서지 않는다. 잔소리나 충고보다는 늘 지켜본다. 둘째, 잘 듣는다. 이게 참 중요하다. 나이가 들고 직급이 올라갈수록 수신 기능이 약해지는데 코치는 말하기보다 듣는 걸 잘해야 한다. 셋째, 조언보다 질문을 많이 한다. 좋은 질문으로 생각하게 한다. 넷째, 과거의 자신을 내세우지 않는다. 벤 휘태커는 부사장까지 지냈지만 젊은 사장의 운전기사 노릇을 깎듯이 한다. 다섯째, 공감을 잘한다. 내가 생각하는 공감은 대화의 산소같은 존재다.

상향 리더십과
수평 리더십

자리가 사람을 만든다는 이야기에 대해 어떻게 생각하는가? 나는 이 말에 동의하지 않는다. 자격이 안 되는 사람이 높은 자리에 오르는 것은 그 조직이 가질 수 있는 최고의 리스크다. 물론 준비되지 않은 사람, 자격이 안 되는 사람도 높은 자리에서 오래 일을 하다 보면 언젠가 리더십이 생길 수도 있다. 하지만 그 기간에 엄청난 비용과 고통이 수반될 것이다.

리더십은 영향력이다. 자리에 관계없이 영향력이 있으면 리더다. 높은 자리에 있더라도 아무런 영향력을 행사할 수 없으면 그는 더이상 리더가 아니다. 레임덕 현상에 빠진 대통령을 보면 알 수 있다. 리더십 하면 보통 리더가 팀원을 대상으로 하는 것을 연상케 한다. 하지만 360도 리더십은 여기에 두 가지를 더한다. 상사에게 영향을 끼칠 수 있는 상향 리더십과 동료에게 영향을 끼칠 수 있는 수평 리더십이다.

상향 리더십은 말 그대로 상사를 움직이는 리더십을 의미한다. 과연 그게 가능할까? 쉽지 않다. 조직에서 가장 힘든 것은 상사와 뜻이 맞지 않는 경우다. 사사건건 부딪칠 수도 없다. 그런 경우 어떤 선택지가 있을까? 상사를 바꿀 수는 없다. 당연히 상사에 맞추든지 아니면 조직을 떠나야 한다. 상향 리더십을 키우기 위한 방법은 다음과 같다.

첫째, 자기 관리가 필수적이다. 자기 관리를 잘하는 것만큼 상사에게 강한 인상을 남기는 일은 없다. 이런 직원은 상사의 에너지를 빼앗지 않는다. 알아서 잘하기 때문이다. 자기 관리에는 감정 관리, 시간 관리, 우선순위 관리, 에너지 관리, 생각 관리, 말 관리, 사생활 관리 등이 있다.

둘째, 상사의 짐을 덜어주어야 한다. 상사의 짐을 덜어주기 위해서는 우선 맡은 일을 잘해야 한다. 문제점과 함께 해결책도 제시할 수 있어야 한다. 자기 몫 이상의 일도 할 수 있어야 하고,

좋은 말과 함께 필요한 말을 할 수 있어야 한다.

셋째, 남들이 꺼리는 일도 기꺼이 해야 한다. 성공한 사람은 성공하지 못한 사람이 꺼리는 일을 기꺼이 한다. 필요하면 무엇이든 하겠다는 태도만큼 상사에게 빨리 인정받는 방법은 없다. 리더는 어려운 일, 성가신 일을 하면서 성장한다. 위험을 감수하고 잘못을 인정하고 변명하지 않으며 결과에 대해 책임을 진다. 평균 이상으로 일에 매달릴 생각이 없다면 최고의 자리를 넘보아서는 안 된다.

넷째, 상사의 시간을 뺏을 때는 만반의 준비를 해야 한다. 상사를 만나기 위해서는 약속된 면담 시간의 열 배를 들여 준비해야 한다. 상사에게 대신 생각하게 해서는 안 된다. 준비 없이 발언해서도 안 된다.

다섯째, 전천후 플레이어가 되어야 한다. 전천후 플레이어는 악조건 속에서도 일을 해낸다. 긴박한 상황, 물자 부족, 추진력이 약할 때, 짐이 무거울 때, 상사가 부재중일 때, 제한된 시간에서도 일을 해낸다. 그럴 때 상사는 감동한다.

상사를 상대로 리더십을 발휘하는 것은 지극히 어려운 일이다. 키워드는 한마디로 '신뢰를 획득해야 한다'는 것이다. 까다로운 상사일수록 일정 기준을 넘어서면 편하다는 이야기를 많이 한다. 검증 기간을 통해 신뢰를 얻은 것이고, 그다음부터는 까다롭게 대할 이유가 없어졌기 때문이다. 이것이 바로 상향 리더십이다.

다음은 수평 리더십에 대해 알아보자. 동료와 좋은 관계를 유지하지 않고 조직에서 성공하기는 불가능하다. 이를 위해서는 우선 상대에게 관심을 가져야 한다. 관심을 가지면 알게 된다. 알면 사랑하고 존경하게 된다. 이해의 폭이 넓어진다. 동료는 친구가 될 수도 있고 동시에 경쟁자가 될 수 있다. 그렇기 때문에 경쟁과 상호 보완 사이에 균형을 유지해야 한다. 이를 위해서는 경쟁에서 이기려는 욕구를 인정해야 하고 건전한 경쟁을 기꺼이 받아들이고 경쟁심을 적절히 활용해야 한다.

동료와 친구가 되는 것도 필요하다. 팀워크에 우정을 더하면 그 효과는 배가 된다. 우정은 영향력의 토대이고 성공의 기틀이기 때문이다. 인간관계의 폭을 넓히는 일도 필요하다. 매일 비슷한 부류의 사람들과 지내는 것은 개인을 편협하게 만든다. 자기 집단 외에 다른 집단 사람과 어울리면서 이해의 폭을 넓혀야 한다. 완벽한 척을 해서도 안 된다. 완벽할 때까지 기다려서도 안 된다. 완벽한 기회를 기다리기만 한다면 아무것도 할 수 없다. 또 인간에게 완벽을 바라는 것은 인간이기를 포기하라는 것과 같다.

상향 리더십과 하향 리더십은 이해관계가 깊다. 반면 수평 리더십은 이해관계가 상대적으로 적게 작용한다. 그래서 대인 관계의 원칙이 그대로 적용된다. 당신이 대접받고자 하는 대로 상대를 대접하는 것이 수평 리더십의 핵심이다.

마지막은 하향 리더십이다. 하향 리더십은 기존 리더십 책이 가장 많이 다루기 때문에 하나만 소개하겠다. 바로 모델링이다. 솔선수범하지 않으면 절대 리더십을 발휘할 수 없다. "상사는 팀원과 3년을 일해도 팀원을 완벽히 알 수 없다. 하지만 팀원은 상사와 3일만 일해도 상사를 알 수 있다"라는 말이 있다. 처음 이 말을 들었을 때 모골이 송연했다.

리더는 무대 위에 선 배우와도 같다. 모든 사람이 리더를 주시하며 사소한 말 한마디, 표정 하나에 사람들은 저 리더가 어떤 사람인지를 본능적으로 파악한다. 반면 리더는 팀원을 파악하기 쉽지 않다. 팀원은 인사권을 가진 사람 앞에서 가면을 쓰고 행동하기 때문이다.

양극단을
자유롭게 활보하라

리더에게는 극과 극의 두 가지 사고가 다 필요하다. 사이고 다카모리는 적까지 품은 도량이 큰 인물이다. 그와 함께 메이지 유신을 성공시킨 인물로 오쿠보 도시미치가 있다. 사이고 다카모리와 같은 가고시마 사람이지만 그렇게 존경을 받지는 못한다. 그 이유 중 하나는 그의 냉혹함 때문이다.

한 예로 사쓰마 지역에는 '고구마 덩굴'이라는 말이 있다. 가고시마 사람들은 한 사람이 출세를 하면 집안 사람이나 지인을 줄줄이 임용하는 일이 많아서 만들어진 말이다. 그런데 오쿠보는 그러지 않았다. 심지어 옛 친구가 찾아와도 만나지 않는 경우도 있었다.

경영은 장래에 대한 비전과 이념뿐 아니라 합리적인 조치가 병행되어야 한다. 사이고 다카모리의 의지와 성실만으로는 부족하다. 오쿠보 도시미치의 합리성과 논리가 필요하다. 온정과 비정, 세심함과 대범함 같은 상반된 특징을 아울러 갖춰야 새로운 일을 해낼 수 있다.

상반된 특성을 함께 갖춘다는 것은 균형을 이룬 원만한 인간성이라는 의미도 아니고 중용을 취한다는 뜻도 아니다. 사장에게는 모든 임원이 반대하는 상황에서도 자기 신념을 한층 더 굳건히 하여 변함없는 기개로 결단을 내리는 대범함도 필요하다. 반면 직원 한 사람의 말에도 세심하게 주의를 기울이고 겸허히 경청하며 필요하면 자기 계획도 버릴 수 있어야 한다. 어떨 때는 읍참마속泣斬馬謖의 심정으로, 어떨 때는 부처의 따뜻한 마음으로 감쌀 수 있어야 한다. 즉, 진정한 리더가 되려면 상반된 두 가지 성향을 아울러 갖춰야 한다.

"일류의 지성은 두 개의 상반된 사고를 동시에 마음에 품고도 정상적으로 그 기능을 수행할 수 있는 능력을 말한다." 미국 작가 스콧 피츠제럴드Scott Fitzgerald의 말이다. 요컨대 극과 극의 두 가지 사고를 함께 갖추고 상황에 따라 정상적으로 적절히 가려 쓸 수 있는 능력을 가진 사람이 진정 뛰어난 인격의 사람이다. 다음은 관련하여 이나모리 가즈오가 쓴 《사장의 도리》에 나온 사례를 소개해 본다.

하버드대학의 마이클 터시먼Michael Tushman 교수는 '양손잡이 리더Ambidextrous Leader'가 탁월한 리더라고 다음과 같이 주장한다.

"사안에 따라 극단에 치우칠 줄 알면서 전반적인 균형을 잡을 줄 알아야 한다. 큰 전략적 방향을 만들면서 동시에 세밀한 일도 처리할 수 있어야 한다. 큰 전략만 고민하고 세부적 운영에는 관심이 없으면 언젠가 운영상 문제로 조직이 무너질 수도 있다. 이와는 반대로 세부적 운영에만 관심을 가지다가 시장 변화를 읽지 못해 대처를 못 하면 시장에서 도태될 수 있다. 탁월한 리더는 유연하게 사고할 수 있어야 한다. 그런데 유연하다는 말이 무슨 말일까? 양극단을 오갈 수 있는 것이 유연함이다. 한쪽을 선택하면서 다른 쪽의 극단까지 이해할 수 있어야 한다."

조직을 운영하다 보면 원칙을 지키는 엄격함도 필요하지만 때로는 관용을 베풀어야 할 때도 있다. 어떤 문제는 이성적인 해결보다 감성적인 접근이 필요하기도 하다. 이렇게 양극단을 오가는 것은 일관성 없는 행동이 아니다. 사안에 따라 유연해야 한다는 것이다.

리더십에 정답은 존재하지 않는다. 그가 처한 상황에 따라 다르다. 분명한 건 어떨 때는 이성적으로, 어느 때는 감성적으로 일을 처리해야 한다는 것이다. 어떨 때는 디테일을 봐야 하지만 어떨 때는 큰 그림을 봐야만 한다. 극단과 극단을 자유롭게 오고 갈 수 있어야 한다. 리더에게 가장 위험한 건 한 자리에 머무는 것이다. 공자가 이야기한 성인무상심聖人無常心이 그런 말이다. 성인은 한 가지 생각에 머물지 말라는 것이다. 세상 움직임에 따라 자기 생각을 변화시킬 수 있어야 한다.

애정과 피드백 속도는 비례한다

함흥차사라는 별명을 가진 팀장이 있다. 회사에 자주 나오지 않고, 중요한 일을 앞두고 연락이 안 되기 때문에 붙여진 별명이다. 심지어 자신이 책임지는 행사 당일에도 핸드폰이 꺼져 있어 모두를 초주검으로 만들었다. 팀원들이 무언가 물어보기 위해 문자를 해도 대부분 회신이 오지 않았다. 다음 날 답을 하는 경우도 비일비재했다. 팀원 입장에서는 정말 속이 탄다. 결정을 해야 할 책임자가 문자에 회신도 없고 전화기가 꺼져 있으니 어쩌란 말인가? 하지만 팀원 뜻대로 결정하면 난리를 쳤다. 누구 마음대로 이런 결정을 했느냐, 당신이 책임질 것이냐 하면서 따지는 통에

리더란 무엇인가

팀원들은 거의 정신과 치료를 받아야 할 지경에 이르렀다.

전화만 해도 팀원의 가슴이 철렁 내려앉게 만드는 팀장도 있다. 하지만 회사에서 그의 지위는 탄탄했다. 우선 학력이 매우 좋았으며, 엘리트 코스를 밟았다. 인물도 좋고 말도 잘했다. 어찌나 자기주장이 확실하고 논리 정연한지 다른 상사도 그가 따지고 들면 두 손 두 발을 다 들었다. 배우자도 능력이 있어서 경제적으로도 자유로운 편이었다. 한마디로 꿀릴 게 없는 사람이었고 여차하면 그만둔다는 이야기도 자주 했다. 그에게 회사는 그저 심심풀이 땅콩에 불과했다. 책임감도, 헌신도, 팀원에 대한 사랑도 제로인 팀장이다

보험업계의 스타로 떠오르는 리더가 있다. 짧은 기간에 엄청난 성과를 거두고 있었다. 그는 속도를 가장 중시한다. 모든 문제점을 즉각 처리해야 경쟁력이 있다고 생각했기 때문이다. 모든 사람과 언제 어디서든 통화가 가능해야 한다고 생각했다. 모든 문제를 핸드폰으로 즉각적으로 해결했다. 자신의 핸드폰 번호를 모든 설계사에게 공개했고 언제 어떤 문제가 생기든 자신에게 알리라고 했다. 문제를 보고 받은 즉시 확인하고 이를 조치했다.

그가 가장 싫어하는 사람은 전화를 받지 않거나 늦게 받는 사

람이었고, 임원들은 24시간 전화를 받아야 했다. 받지 않는 것은 상상할 수 없었다. 회사 임원이 전화를 못 받을 상황이 뭐가 있냐는 것이었다. 그는 전화를 받지 못하거나 늦게 받는 것은 회사를 사랑하지 않기 때문이라고 생각했다. 일에 대한 애정이 없기 때문이라는 것이다. 조금 무리한 측면이 있기는 하지만 작은 회사가 성공하기 위해 빠른 속도에 목숨을 거는 것은 이해할 수 있다.

애정과 피드백 속도는 비례한다. 남녀 간 사랑이 그렇다. 뜨겁게 사랑하는 남녀는 서로 피드백이 빠르다. 문자를 보내면 바로 답이 온다. 전광석화 같다. 기다리던 문자이기 때문이다. 악조건 속에서도 어떻게든 답장을 보낸다. 사랑이 식으면 답하는 속도가 느려진다. 답할 수 없는 것이 아니라 답하기 싫기 때문이다. 마음이 내키지 않기 때문이다. 답이 늦는 일이 많아지면 애정이 식었다고 보면 된다.

조직에 대한 애정도 그렇다. 조직을 사랑하면 즉각 답이 온다. 일과 시간에는 물론 퇴근 후에도 칼같이 온다. 마지못해 다니는 직장이면 일과 시간에 온 문자도 마지못해 답을 한다. 퇴근한 다음에는 업무에 얽매이기 싫기 때문에 퇴근 후에는 바로 연락을 받지 않는다.

나는 가끔 워크숍을 진행할 때 배우자에게 문자로 나를 어떻게 생각하는지 물어보라고 한다. 답하는 속도와 내용을 보면 배우자와의 관계를 어느 정도 짐작할 수 있기 때문이다. 내용이 충실하고 답변하는 속도가 빠르면 애정 전선에 아무 문제가 없는 것이고 속도도 느리고 내용도 부실하면 문제가 생긴 것이다. 아예 답변이 없으면 심각한 문제가 생긴 것이다. 답할 가치를 못 느끼는 것이다.

세계적인 스포츠 마케팅 기업 IMG의 CEO 마크 매코맥Mark McCormack 은 승진 조건으로 다음 세 가지를 내세웠다. 조직에 대한 충성도, 디테일에 대한 집착, 빠른 피드백이 그것이다. 당신은 어떤 사람인가? 당신은 피드백이 빠른 리더인가, 느린 리더인가. 당신 팀원 가운데 피드백이 빠른 사람과 느린 사람은 누구인가, 빠른 사람 중 시원치 않은 사람이 있는가, 느린 사람 중 괜찮은 사람이 있는가? 결과가 궁금하다.

핵심 인재와
일하는 기술

회사를 그만두는 직원의 특징이 무엇인지 아는가? 유능하고 반
드시 있어야 하는 사람이라는 점이다. 그들은 별다른 내색 없이
맡은 일을 열심히 하다 어느 날 갑자기 그만둔다고 통보를 한다.
당황한 경영진은 그때서야 부랴부랴 면담도 하고, 좋은 조건도
내걸고, 달래도 보지만 대부분 실패한다. 반대로 절대 그만두지
않는 직원의 특징은 무엇일까? 무능하고, 불평 많고, 별다른 역량
이 없는 사람이다. 회사에서는 내심 그만두면 좋을텐데 하고 생
각하지만 이들은 절대 그만두지 않는다.

맥킨지 회장 라자 굽타Rajat Gupta는 "미래는 인재 확보 전쟁

의 시대"라고 이야기했다. 한 사람의 인재가 백만 명을 먹여 살릴 수 있는 시대다. 취업 난 속에서 인재 난으로 허덕이는 시대다. 그만큼 기업에서 사람에 대한 관심이 높아지고 있다. 핵심 인재란 누구일까? 이들을 붙잡아 두기 위해서는 어떻게 해야 할까?

우선 핵심 인재에 대해 정의해 보자. 같이 일하는 사람들을 머릿속으로 떠올려보라. 핵심 인재는 누구인가? 그만두면 큰일인 사람, 그만두어도 별 상관없는 사람, 그만두면 좋을 사람으로 구분해 보라. 현재가 아닌 미래의 핵심 인재를 정의해 보라. 미래 발전을 위해 꼭 필요한 사람이 누구인지, 회사에 그런 사람이 있는지, 있다면 어떻게 그를 붙잡아 둘지, 없다면 어떻게 채용할지를 질문하라.

경영진은 회사 내 정보를 아는 데 한계가 있다. 특히 인사 관련 정보는 그렇다. 그런 정보를 입수하게 될 때는 대부분 돌이킬 수 없는 지경에 이르렀을 때다. 핵심 인재 관련 정보가 특히 그렇다. 그렇기 때문에 사전에 회사 사정을 알기 위한 방법이 필요하다. 퇴사자 인터뷰도 좋은 방법이기는 하지만 주의할 점이 있다. 그들은 좋은 이미지를 남기려 하기 때문에 싫은 이야기를 하지 않는 경향이 있다. 또 자신의 결정을 합리화하려는 경향이 있다.

가장 효과적인 방법은 외부인에게 인터뷰를 맡기는 것이다. 그때 반드시 던져야 하는 질문이 있다. "왜 이 회사에 계속 다니는가?"라는 질문이다. 이를 통해 핵심 인재 집단에서 불거질 수 있는 문제를 사전에 알 수 있다.

안에서 새는 바가지는 밖에서도 샌다는 말이 있다. 이 말을 역으로 살펴보자. 이 회사에서 일을 잘하는 사람은 대부분 다른 곳에서도 일을 잘한다. 그렇기 때문에 인재 전쟁의 가정은 다음과 같다. "핵심 역량을 수행할 인재는 그 숫자가 제한되어 있다. 고급 인력을 채용하는 데는 고비용이 들기 마련이다. 또 이런 인재일수록 서로 데려가려고 한다."

이런 이유로 인재와 관련해서도 빈익빈 부익부 현상이 나타난다. 인재를 보유할 능력이 되는 대기업에는 인재가 몰리지만, 여유가 안 되는 중소기업에는 인재 빈곤 현상이 나타난다. 이런 기업에서는 조직에 속하기 싫어하는 독립적 핵심 인재를 활용하는 것도 방법이다. 이미 서구에서는 이런 식의 외주가 늘어나고 있다.

인재를 보유하는 데는 일곱 가지 측면이 있다. 근무 환경, 업무 내용, 성장 기회, 급여와 포상, 기업 문화, 관리자와의 관계, 동료와의 관계다. 이들 측면은 크게 동기 요인과 불만 요인으로 나

리더란 무엇인가

눌 수 있다. 급여와 포상, 환경은 불만 요인이다. 이것이 만족되지 않으면 불만을 갖지만 만족된다고 해서 동기가 유발되지는 않는다. 핵심 인재를 유치하고 보유하기 위해서 돈은 반드시 필요하다. 하지만 그것만으로는 되지 않는다. 이보다는 성장 기회, 인정과 격려, 기업 문화 등의 진정한 동기 요인이 더 결정적인 역할을 한다. 이런 요인이 만족될 때 인재가 들어오고 이들이 머물 수 있다.

핵심 인재와 일하기 위해서는 생각의 거품 몇 가지를 제거해야 한다. 첫째, 직원의 퇴사는 언제든지 일어날 수 있다. 억지로 막으려 하지 말고 효과적으로 대처하는 방법을 익혀라. 문제는 그로 인한 피해를 최소화하는 것이다. 그런 의미에서 인사상 지뢰를 제거해야 한다. 어떤 업무를 유일하게 알고 있고, 그래서 퇴사하면 업무 공백이 생기는 사람이 지뢰다. 이를 위해서는 늘 후임자와 후계자를 키워놓아야 한다.

둘째, 직원의 이직을 막을 묘책은 없다. 교통 체증처럼 차라리 받아들여라. 셋째, 회사를 매력적으로 만들어라. 핵심 인재는 돈보다 편안하게 느낄 수 있고 발전 가능성이 높은 직장을 원한다. 직원들이 나갈까 전전긍긍하는 회사에서 사람들이 입사하고 싶어 하는 회사로 만들어라.

　글로벌 기업의 석세션 플랜Succession plan에 참여한 적이 있다. 후계자를 키워 조직이 처힐 수 있는 위험을 최소화하겠다는 것이 목적이었다. 그들은 인재 관리를 가장 중요한 리스크 매니지먼트라고 생각한다. 반드시 있어야 하는 사람이 어느 날 사라지는 것, 그 자리에 있어서는 안 될 사람이 그 자리에 올라서는 것만큼 위험한 것은 없다는 의미다.

숨은 진주를
발견하라

만약 스티브 잡스가 한국에서 직장 생활을 했다면 어땠을까? 일단 그는 대학을 나오지 않았기 때문에 삼성이나 엘지 같은 대기업 취직은 불가능했을 것이다. 힘들게 들어가도 견디지 못했을 확률이 높다. 본인 자체도 힘들고 상사나 동료 또한 힘들어했을 것이다.

질문을 조금 변형해 보자. 회사 안에 이미 제2의 스티브 잡스가 들어와 있다면 그를 알아볼 수 있을까? 아니면 그를 구박해 이미 싹을 밟아놓은 것은 아닐까? 사회성이 없다는 이유로, 제멋대로라는 핑계로, 그를 저성과자로 낙인찍고 있는 건 아닐까? 내가 생각하는 리더십의 본질 중 하나는 야생마를 잘 다루어 명마로 만드는 것이다. 이와 관련한 내용이 《나는 스티브 잡스를 이렇게 뽑았다》에 자세히 나와 있다.

간단히 요약해 보면, 이 책의 저자 놀란 부쉬넬Nolan Bushnell 은 1972년 게임 회사 아타리를 창업했다. 이 회사는 탁구 게임 '퐁', 벽돌 게임의 원조 '아웃브레이크', 우주 전쟁 게임 '아스테로이드' 등을 개발해 세계적인 게임 붐을 만들어냈다. 이런 성공은 창조적인 인재를 알아보는 부쉬넬의 탁월한 안목 덕분이다.

부쉬넬은 난데없이 아타리로 쳐들어온 당돌한 스티브 잡스를 직원으로 뽑고, 이후 그의 여러 기행을 눈감아 주면서 경험을 쌓게 해주었다. 대표적인 것이 인도 여행이다. 잡스는 어느 날 갑자기 인도로 명상 여행을 떠나기도 하고, 회사에서 먹고 자면서 숙식을 해결하기도 했다. 보통 회사에서는 받아들이기 힘든 기행이다. 물론 그때의 경험이 잡스에게 큰 자산이 되었다. 부쉬넬은 이런 식으로 50년에 걸쳐 스티브 잡스 같은 수많은 괴짜 창조자들에게 커리어의 길을 열어주었다.

리더십의 핵심은 안목이다. 인재를 알아볼 수 있어야 한다. 진흙 속에 숨은 진주를 발견할 수 있어야 한다. 그들을 잘 찾고 모을 수 있어야 한다. 그들과 일하는 방법을 알아야 한다. 안목이 없는 리더는 스티브 잡스가 와도 알아보지 못할 것이고 설령 알아본다 해도 그가 조직을 떠나거나 그를 내보낼 것이다.

창의적인 사람은 일반인과 다르다. 한 분야에 꽂혀 있는 경우가 많다. 다른 이야기에는 별 관심을 보이지 않지만 자신이 꽂혀 있는 분야의 이야기만 나오면 눈을 반짝이며 관련 이야기를 쏟아낸다. 좋은 대학이나 자격증에 현혹되어서는 안 된다. 스티브 잡스, 스티브 워즈니악, 빌 게이츠, 페이스북을 만든 마크 저커버그의 공통점은 대학을 졸업하지 않았다는 것이다.

창의적인 사람은 일정한 틀 안에 있는 걸 견디지 못한다. 그렇기 때문에 규칙은 필요하지만 유연성이 필수다. 한번은 잡스가 회사에서 잠을 자면서 일하고 싶다고 했다. 부쉬넬은 보안장치 대신에 보안 요원을 두는 것으로 결정하고 이를 허락했다. 열정적으로 일하려는 사람을 막을 필요가 없었기 때문이다.

다양성도 중시해야 한다. 문신한 자가 있는가? 중퇴자가 있는가? 특이한 복장을 한 사람을 허용하는가? 그들을 견딜 수 있어야 한다. 어떤 책을 좋아하는지를 보면 도움이 된다. 어떤 사람에게 좋아하는 책 열 권의 목록을 말하도록 요구해 보라. 등잔 밑을 잘 살피는 일도 중요하다. 옷 가게 직원, 식당에서 만난 종업원 중에도 인재가 있을 수 있다. 창조적인 커뮤니티 안에서도 인재를 찾을 수 있다. 요상한 질문을 던져보라. 부쉬넬은 "가장 짜증나는 일이 뭔가요?"라는 질문을 자주 던진다. 그가 좋아하는 답은 "이런 질문 받는 거요"라는 답변이다.

창의적인 사람을 뽑는 것 못지않게 그와 일하는 방법이 중요하다. 수시로 사소한 걸 기념하고 파티를 열어라. 약간의 무질서를 허락하고 장난을 쳐라. 신제품을 위한 그들만의 장소를 만들어라. 고립된 장소에서 고립된 시간을 갖게 하라. 그들에게 성장은 홀로 있을 때 이루어진다. 좋은 아이디어는 언제 어디서 나올지 모른다. 그렇기 때문에 위험을 감수하더라도 좋지 않은 아이디어도 지지하고 실패도 기념해야 한다.

창의적인 인재일수록 멘토가 필요하다. 놀란 부쉬넬의 경우 페어차일드와 인텔의 공동창업자 로버트 노이스Robert Noyce가 그의 멘토다. 노이스가 했던 말 가운데 "다른 사람의 사업이 쉬워 보인다는 건 그 사업에 대해 제대로 모른다는 이야기다"라는 말은 평생 내 머릿속에 남아 있다.

말로는 창의성을 강조하지만 실제로는 관리자들이 창의성을 가로막는 최대 장애물이다. 창의성의 가장 큰 장애는 타인이다.

그래서 노이스는 "안 돼"라는 말을 아예 하지 못하게 했다. 반대를 한다면 반대하는 이유를 반드시 적어야 했다. 세상에서 가장 쉬운 것은 대안 없이 반대하고 비난하는 일이다. 그는 직원들에게 반대하기 위해서는 자신이 반대하는 이유를 적게 하고 기록으로 남겨두게 했다. 이처럼 반대하기 위해서는 머리를 많이 써야 한다. 그렇게 하면 정치력에 의존해 반대를 '무소불위無所不爲'로 남용하는 관리자의 저항을 줄일 수 있고, 팀원의 창의성을 이끌어낼 수 있다.

구성원의 환경을 바꾸는 것도 좋은 방법이 될 수 있다. 아이디어는 3B Bus, Bath, Bed에서 많이 나온다. 버스, 목욕탕, 잠자리다. 창의적인 인재일수록 좋은 컨디션을 유지하는 상태에서 역량을 발휘한다. 컨디션이 저하되면 창의성이든 뭐든 발휘할 수 없다. 최상의 컨디션을 유지하기 위해서 충분한 수면, 식사, 평온함이 필수적이다. 그들에게 잠을 권하라. 시스코, P&G, 구글은 사무실 안에 에너지 팝이라는 것을 두었는데, 낮잠을 잘 수 있는 장소를 말한다. 소음과 빛을 차단한 곳이다. 낮잠을 26분 동안 자고 나자 파일럿의 생산성이 34퍼센트 올랐다는 나사의 통계도 있다.

창의적인 인재들은 반짝반짝하는 사람들이다. 지루함을 견디지 못한다. 한 프로젝트만 맡기면 지루해할 수 있다. 동시에 여러 일을 할 수 있도록 하는 것이 좋다. 많은 프로젝트를 진행해야 그중 성공한 프로젝트가 나온다. 양질 전환의 원리다. 또한 그들에게는 미리 생각할 시간을 주는 것이 유리하다. 무의식 안에 씨앗을 뿌리는 것과 같다. 시간이 지나면서 그곳에서 싹이 나올 것이다.

리더란 무엇인가

일을
잘 맡긴다는 것

리더가 되면 가장 먼저 해야 할 일이 무엇일까? 리더가 된 사람이 가장 힘들어하는 일이 무엇일까? 다른 사람에게 일을 시키는 것, 일을 맡기는 것이 아닐까? 말은 쉽지만 결코 쉽지 않다. 리더가 모든 일을 하는 조직은 무너진다. 리더가 말하지 않으면 팀원들이 아무것도 하지 않는 조직은 망할 수밖에 없다. 모든 팀원이 리더의 말만 기다리는 조직은 성장할 수 없다.

리더가 할 일은 적합한 사람에게 일을 잘 맡기는 것이다. 그런데 요즘 사람들에게 일을 시키는 것은 쉽지 않다. 이들은 칼퇴근을 당연하게 생각하고, 승진에도 관심이 없고, 조직에 대한 충성도가 낮고, 때로는 당당히 업무를 거부하기도 한다.

당신은 일을 잘 맡기는가? 맡길 때마다 팀원 눈치를 살피는 가? 팀원에게 일을 맡기는 건 일정 수준의 위험성을 감수하는 일 이다. 만약 맡기지 못하면 일은 감당할 수 없는 수준으로 늘어난 다. 의외로 일을 맡기지 못하는 리더가 많다. 왜 그럴까? 차라리 내가 하는 게 빠르다, 내가 하는 편이 효율적이다, 다른 사람에게 맡기고 싶지 않다, 팀원이 바쁜 것 같아서, 이것저것 가르치는 것 이 귀찮다, 실패할까 걱정되어서 등등 그 이유는 수도 없이 많 다. 이와 관련해 다섯 종류의 리더가 있다.

첫째, 플레이어형 리더다. 이들은 실무를 놓지 못한다. 팀원 이 충분히 할 수 있는 일조차 자신이 직접 한다. 아니 스스로 해야 만 직성이 풀린다. 당연히 자신은 바쁘고, 팀원은 한가하다. 한가 한 직원은 성장하지 못하고, 팀은 성과를 내지 못한다.

둘째, 소심 걱정형 리더다. 팀원이 어디서 무엇을 하고 있는 지 항상 신경이 쓰이고 안 보이면 불안하다. 이런 리더는 쓸데없 는 일을 만들고 있을 가능성이 있다.

셋째, 방임형 리더다. 팀원들 각자 일을 알아서 한다. 업무를 잘 알지 못한 채 그냥 업무를 맡긴다. 여기서 위임과 방임과 떠넘 기기를 구분해야 한다. 위임은 직원의 능력을 신뢰하고 업무를 맡기는 것이다. 방임은 상대에 대해 전혀 생각하지 않고 업무를 맡기는 것이다. 떠넘기기는 상대가 도저히 처리할 수 없는 업무를 맡기는 것이다.

넷째, 속수무책형 리더다. 이들은 만약을 생각하지 않는다. 그래서 만약의 상황이 벌어지면 패닉 상태가 된다. 이를 방지하기 위해서는 결과물에 대한 이미지를 갖고, 장애물에 대해 생각하고, 계획대로 되지 않을 때 대안에 대해 미리 생각해야 한다.

다섯째, 부적재 부적소형 리더다. 이들은 성공의 핵심이 되는 적임자를 알지 못한다. 또 적재적소보다는 해당 업무와 팀원 사이에서 어디까지 타협할 수 있느냐가 더 중요한데 이를 위해서는 팀원의 강점을 파악해야 한다.

일을 맡길 때는 프로세스가 필요하다. 어떤 일을 맡길지, 누구에게 맡길지, 맡길 때는 어떻게 해야 할지, 업무가 끝난 후에는 어떻게 해야 할지를 생각해야 한다. 아무 일이나 맡기면 안 된다. 목표가 분명하고, 완성된 모습이 확실해야 하는 일이어야 하고, 업무의 양을 가늠할 수 있어야 한다. 그러면 어떤 팀원에게 일을 맡겨야 할까? 그 일을 할 수 있는 유능한 팀원에게 맡겨야 하는데 그 역량과 의욕에 따라 다음 네 가지로 나눌 수 있다.

역량과 의욕이 모두 낮은 1단계, 역량은 부족하지만 의욕이 높은 2단계, 역량은 높지만 의욕이 낮은 3단계, 둘 다 높은 4단계로, 이 단계에 따라 일을 주면 된다. 또 일을 맡길 때는 그 직원을 선택한 이유와 업무 배경을 설명해야 한다. 업무의 개요와 목표와 기대치를 분명히 해야 한다. 보고, 연락, 상담 시기와 규칙, 재량 범위와 지원이 필요한 부분까지 분명히 해야 한다. 업무가 끝난 후에는 정확하게 피드백을 해야 한다. 어떤 행동이 좋았는지, 앞으로 어떤 행동을 기대하는지 등등⋯ 때로는 부정적인 피드백도 필요하다.

일을 맡길 때는 다섯 가지 원칙이 있다. 첫째, 업무를 완수하는 것이 우선이다. 직원의 능력과 경험 수준을 파악해 그에 맞는 업무를 맡기는 것이 원칙이다. 둘째, 100퍼센트의 성과를 기대하지 않는 것이다. 셋째, 일을 못해도 한 번은 개선할 기회를 주어야 한다. 넷째, 난감한 직원에게 너무 많은 시간을 쏟지 않는 것이다. 자칫하면 유능한 직원에게 시간을 쏟지 못할 수 있다. 다섯째, 업무 성과는 인사 고과에 확실하게 반영해야 한다.

직원의 유형도 파악해 적합하게 업무를 주고 그 과정을 관리해야 한다. 유형은 다음과 같다. 첫째, 철부지형 사원이다. 무모

하거나 소심하다. 대처법은 혼자 힘으로 확실히 해낼 수 있는 일을 맡겨서 끝까지 해내는 경험을 하게 한다.

둘째, 초성실 터널 시야형 사원이다. 이런 사람은 자신의 일만 하면 된다고 생각한다. 성실하지만 주변을 생각하지 않는다. 대처법은 미리 고려할 지점을 명확하게 지시한다. 할 수 있는 일, 하고 싶은 일, 해야 할 일로 나누어 제시한다.

셋째, 배 째라형 사원이다. 일이 조금 어렵거나 생각대로 진행되지 않으면 다른 사람 탓으로 돌리며 "못 해먹겠다"라고 말한다. 대처법은 그런 말에 대꾸하지 않고 일을 시키는 것이다. 확실하게 성과를 낼 수 있는 일을 맡기는 게 좋다

넷째, 트러블 메이커형 사원이다. 일을 맡겼다 하면 사고를 친다. 대인 관계에 문제를 일으키거나 치명적인 실수, 보안규정 위반 등의 문제를 일으킨다. 대처법은 최소한의 업무만 맡기는 것이다. 단순한 업무, 사고가 나도 별 지장이 없는 업무 등이다.

다섯째, 귀차니스트형 사원이다. 귀찮은 일은 하기 싫어한다. 대처법은 양적 측면뿐 아니라 일의 품질에 대한 책임까지 지게 한다.

마지막으로, 우수한 사원을 더 우수하게 만드는 데 주의할 네

가지가 있다. 첫째, 능력과 경험에 맞는 업무 혹은 그 이상의 일을 맡긴다. 둘째, 팀 상황 때문에 수준에 맞지 않는 업무를 맡겨야 할 때는 업무를 맡긴 이유와 배경을 솔직하게 이야기해야 한다. 셋째, 보고와 지원은 확실히 해야 한다. 넷째, 질적으로 부담되는 업무와 양적으로 부담되는 업무를 파악해야 한다. 질적 부담은 도전이지만, 양적 부담은 그냥 부담일 수 있다.

사람은 일을 통해 성장한다. 팀원에게 맞는 일을 맡길 때 성과도 나고 리더 자신도 성장한다. 리더는 적합한 사람에게 적합한 일을 잘 맡기는 사람이다.

동기부여의
모든 것

회사에서 최우수 영업 사원에게 일주일 동안 온천 여행을 보내주기로 하자 싱글맘 케이시는 난감했다. 혼자 애를 보는 그녀에게 이런 상은 전혀 도움이 되지 않기 때문이다. 무엇보다 그 기간에 아이를 돌봐줄 방법이 없었기 때문이다. 사실 그녀는 무엇을 바라고 영업을 하는 게 아니다. 그 일을 좋아했던 게 가장 큰 이유다. 그녀는 고객의 문제를 해결해 주고 그로 인한 결과를 보는 일에서 만족감을 느꼈다.

리더는 동기부여 하는 사람이다. 리더의 여러 역할이 있지만 으뜸이 되는 것이 바로 동기부여다. 그렇다면 어떻게 동기부여를 해야 할까? 동기부여에는 여섯 가지 관점이 있는데 이를 회의 참석에 비유하면 다음과 같다.

첫째, 무관심disinterested 동기부여 관점이다. 회의 참석에 아무 가치를 느끼지 못한다. 시간 낭비라고 생각해 무기력한 느낌만 든다. 둘째, 외부external 동기부여 관점이다. 회의에서 지위와 권한 과시의 기회를 누릴 수 있다. 이를 이용해 금전적 혜택, 지위 상승, 이미지 향상 등을 기대한다.

셋째, 강요imposed 동기부여 관점이다. 모든 사람이 회의에 참석한다는 사실에 압박감을 느낀다. 불참할 때 갖게 될 죄책감, 불이익 때문에 억지로 참석한다. 넷째, 연계aligned 동기부여 관점이다. 회의를 학습 같은 중요한 가치와 연계한다.

다섯째, 통합integrated 동기부여 관점이다. 회의를 개인적 삶이나 업무 목표와 부합시킨다. 중요한 사안에 대해 자기 의견을 제시할 수 있다. 여섯째, 내재inherent 동기부여 관점이다. 순수하게 회의를 즐기며 사람들과 다양한 의견을 나누는 것이 좋다.

여기서 무관심·외부·강요 관점은 부정적인 측면이다. 동기부여를 하기는 하지만 몸에 좋지 않은 정크 푸드 같은 존재다. 연계·통합·내재 관점은 긍정적이다. 동기부여의 헬스 푸드에 해당한다. 정크 푸드는 맛은 있지만 먹은 후 기분이 좋지 않다. 가끔

한 번은 괜찮지만 지속적으로 섭취하면 건강에 해롭다. 장기적으로 문제가 된다. 상금이나 인센티브 때문에 체중 감량 대회에 참석한 사람들의 결과는 놀랍다. 상금을 수령한 사람들은 12주를 넘기지 못하고 참가 이전의 몸무게로 되돌아갔고 원래보다 체중이 더 불었다. 이처럼 금전적 인센티브는 변화를 지속시키지 못했고 오히려 악화시켰다.

무엇이 사람에게 동기부여를 하는가? 성장의 핵심 요소는 자율성autonomy, 관계성relatedness, 역량competence이다. 이 세 가지 욕구가 충족되어야 하다 자율성이란 자신에게 선택권이 있다고 인식하는 것이다. 일정 시점이 되면 아기들은 직접 자기 손으로 숟가락을 잡고 먹으려고 한다. 이 욕구는 변하지 않는다. 동기부여의 핵심은 자율성이다. 업무에 대한 적절한 통제력을 갖고 있다고 느끼는 과정이다.

코치에는 두 부류가 있다. 먼저 "하나만 더, 할 수 있어, 힘을 내" 하며 소리를 지르는 사람이다. 그리고 조용하고 자상하고 소리를 지르지 않는 사람이 있다. 연구 결과, 조용한 코치에게 훈련받은 선수의 성적이 훨씬 좋았다. 이는 바로 자율성 때문이다. 선수를 큰 소리로 독려하는 행위는 선수의 관심과 에너지의 원천을 내부에서 외부로 바꾸는 역할을 한다. 그런데 동기부여는 그런 것이 아니다.

둘째는 관계성이다. 아이가 말을 할 때 엄마가 딴 곳을 본다면 어떤 일이 벌어질까? 고사리 같은 손으로 엄마 얼굴을 자기 쪽으로 돌리며 눈을 맞추려 한다. 다른 사람과 연결되고자 하는 것은 본능이다. 관계성은 나이, 사회적 지위, 문화적 배경과 관계없는 기본 욕구다. 관계성이란 타인에게 관심을 기울이거나 타인의 관심을 받고 싶은 욕구다. 타인과 연결되어 있다고 느끼고 싶은 욕구다. 동기부여에도 관계성은 결정적이다. 회사 안에서도 긴밀한 대인 관계가 중요하다.

셋째는 역량이다. 사람은 성장하고 배우고 발전하고 싶어 한다. 배움에 대한 욕구가 있다. 아이들을 보면 끊임없이 '왜?'라고 물으면서 모든 것을 배우고 싶어 한다. 성인도 마찬가지다. 동기부여의 진실은 이렇다. 사람은 자율적으로 일하기를 원한다. 배움을 통해 성장을 추구하고, 일을 즐기기를 원한다. 생산적인 사람이 되기를 기대하고, 누군가에게 긍정적인 기여를 하기를 바라며, 지속되는 인간관계를 지향한다.

동기부여에는 드라이브 이론Drive theory이라는 게 있다. 부족한 무언가를 얻기 위해 동기부여가 된다는 이론이다. 이 이론은 배고프지 않으면 아무것도 하지 않는다는 말이다. 배고픔, 목마름의 경우는 이 이론을 적용할 수 있다. 하지만 심리적 욕구에서 나오는 동기부여는 다르다. 그래서 나온 것이 반反드라이브 이론이다. 긍정적 에너지, 활력, 행복감은 경험하면 할수록 더욱 원한다.

이를 위해서는 마음 챙김mindfulness, 가치관value, 목적purpose이 필요하다. 마음 챙김은 불교의 전통 중 하나이며 현재 순간을 있는 그대로 자각하는 것을 말한다. 현재에 주의를 기울이며 순간순간 일어나는 일을 알아차리고 익숙해지는 것이다. 어떤 상황에 압박을 느끼거나, 무언가에 실망하거나, 상황에 효과적으로 대응할 능력이 없을 때 마음 챙김을 하면 효과적이다.

둘째는 가치관이다. 뚜렷한 가치관을 지닌 팀원들은 직장에서 일어나는 불가피한 도전에 자율적으로 대응할 가능성이 높다. 누구나 가치관을 갖고 그 가치관에 따라 행동하게 되는데, 동기부여는 그 팀원이 가지고 있는 가치관을 제대로 꺼내줄 수 있어야 한다.

마지막은 목적이다. 최고의 성과를 내는 사람은 목표 지향적인 사람이 아니라 가치 지향적인 사람이다. 그들은 가치를 기반으로 행동하며 고결한 목적에 따라 행동한다.

결론은 간단하다. 사람은 외적인 요소에 의해 동기부여 되는 것이 아니라 내적인 요소에 의해 동기부여 된다는 것이다. 스스로 결정할 수 있게 하고, 다른 사람과 좋은 관계를 맺게 하고, 일을 통해 나아진다는 느낌을 주면 되는 것이다. 무엇보다 중요한 것은 우리들은 이미 동기부여되어 있다는 사실이다.

똑똑한 리더가
중요하게 생각하는 일

리더의 일거수일투족은 직원들에게 모두 오픈되어 있지만 팀원들의 속마음은 그만큼 알기 어렵다. 지위가 높아질수록 언행일치가 되지 않으면 비웃음을 사기 쉽고, 다른 팀원의 마음은 점점 더 알기가 어렵다. 수많은 회사에서 강연을 하면서 가장 많이 듣는 이야기는 "우리 사장님은 너무 똑똑해요"라는 말이다. 이 말을 곧이곧대로 믿으면 안 된다. 이는 결코 칭찬이 아니다. 헛똑똑이라는 말이다. 그러면 진짜 똑똑한 리더는 어떻게 일하는가?

가장 소중하고 급한 일은 팀원의 마음을 사는 것이다. 누구나 사람이 가장 귀중한 자산이라는 이야기는 많이 한다. 하지만 현실은 다르다. 팀원마다 등급이 매겨져 있고 A급만 중요하게 생각하는 경우가 많다. 이는 위험하다. 사실 조직의 성패는 B급 직원들에게 달려 있다. A급은 유지비가 많이 들고 관리하기도 어렵다. 그들의 오만한 태도와 공격성 때문에 분란이 일어나기도 한다. 반대로 B급은 보살피지 않아도 자신이 맡은 일을 묵묵히 해낸다. 하지만 너무 오래 방치하면 문제가 생긴다.

하버드대학의 톰 드롱Tom DeLong과 컨설턴트 비니타 비제이이라반Vineeta Vijayaraghavan은 2003년 6월 《하버드 비즈니스 리뷰》에 실린 논문 〈B급 직원 요구에 귀를 기울이자Let's Hear It for B Players〉에서 아래와 같은 이야기를 한다.

"A급 직원에 대한 집착에서 벗어나 B급 직원을 존중하고 칭찬하는 쪽으로 움직여야 한다. 그들이야말로 조직의 요체이기 때문이다. 그들은 일상적으로 일하며 성과를 낸다. 그들은 최전선에서 일하는 말이고 전투병으로, 경영진의 비전을 전파한다. 그들은 자신의 업무를 꾸준히 하기에 신뢰할 수 있다. 따라서 모든 기업은 A급 직원과 마찬가지로 B급 직원을 소중히 여겨야 한다."

비전을 만들고 일을 성사시키고 대형 거래를 마무리 짓는 A급 직원은 필수적이다. 하지만 A급만 있고 견실한 B급이 없다면 장기적으로 발전하지 못한다. 조직에는 티가 많이 나지는 않아도 투철한 책임감으로 근면하게 실행해야 할 업무가 많이 있다. B급 직원은 이런 일을 거뜬히 해내지만 A급은 금방 싫증을 낸다. B급 직원은 6개월마다 상사의 눈을 똑바로 쳐다보고 급여 인상을 요구하지도 않는다. 엄청난 기대도 하지 않으면서 훌륭하게 업무를 처리한다. 리더는 모든 직원이 회사에 꼭 필요한 존재라는 사실을 알려야 한다.

구성원들의 일과 삶의 균형도 중요하다. 유능한 엄마들이 회사를 그만두는 이유도 사실은 아이와 함께할 시간이 부족하기 때문이다. 내가 아는 어느 회사는 새벽 6시부터 회의를 한다. 회의 이후 아침을 먹고 밤 11시까지 근무를 한다. 모든 직원의 얼굴이 상해 있다. 정말 심각했다. 그런 식으로 얼마나 버틸 수 있을까 하는 의문이 생겼다.

인간은 몸과 영혼을 가진 존재다. 극한 훈련을 단기적으로 할 수는 있지만 장기적으로 하면 문제가 생긴다. 아이러니하게, 대부분 기업은 이 부분에 대해 동정심을 표명하지만 의도적이든 아니든 직원으로 하여금 일과 사생활의 균형을 취하는 행위에 대해 죄책감을 갖게 만든다. 일 중독자를 표창하는 대신 일과 사생활의 균형에 대한 모범 사례를 조사해야 한다. 또 이들이 불공정한

처우를 받는 일이 없도록 해야 한다. 균형을 잘 지키는 팀원을 후하게 보상하고 공개적으로 칭찬해야 한다.

구성원들이 자유롭게 문제를 제기하는 문화를 만들어야 한다. 만약 리더 혼자서 북 치고 장구 치고 원맨쇼를 하고 팀원은 그 모습을 바라보기만 한다면 그 조직에는 비전이 없다. 보통 조직에서 문제를 제기하는 직원은 요주의 인물이다. 하지만 과연 그럴까? 애정이 없다면 비판도 하지 않는다.

은퇴한 잭 웰치에게 재임 중 가장 잘한 일과 가장 후회하는 일이 무엇이냐는 질문에 그는 이렇게 답했다. "워크아웃 회의를 한 것이 가장 잘한 일이고, 그 회의를 좀 더 일찍 시작하지 못한 것이 가장 후회가 됩니다." 그만큼 워크아웃 회의 덕을 많이 봤다는 것이다. 워크아웃 회의는 한마디로 계급장 떼고 허심탄회하게 진짜 문제점에 대해 논의하고 해결책을 찾는 방법이다.

GE의 성공은 자유롭게 문제를 제기하고 해결책을 찾는 문화를 정착했기 때문이다. 권력을 가진 사람은 대부분 압력을 행사한다. 공개적인 토론을 제한하고 다른 의견을 제기하지 못하게 한다. 활발하고 솔직한 논의를 두려워한다. 하지만 반대가 되어야 한다. 솔직한 대화가 활발하게 이루어지도록 해야 한다. 이를 위해서는 두 가지를 먼저 실행할 수 있다.

첫째, 막연한 두려움을 없애야 한다. 조직에 근무하는 사람의 70퍼센트는 두려움을 느낀다. 진실을 이야기하는 것에 대한 두려움, 중상모략의 두려움, 해고·대인 관계·변화에 대한 두려움을 느낀다.

많은 리더는 두려움을 활용해 성과를 거두려 한다. 단기적으로는 가능하지만 장기적으로 불가능하다. 신뢰를 회복하려면 두려움을 없애야 한다. 두려움이 지배하는 환경에서 직원은 고객이 아니라 상사를 기쁘게 하는 데 시간을 소비한다. 두려움은 직원들이 위험을 감수하거나 비용을 절감하려는 의지를 꺾는다. 방어적인 태도와 회의주의와 무관심이 조직 전반에 퍼진다. 체면을 유지하는 데 관심을 기울인다. 혁신적인 일을 싫어하고 실패를 피하는 데만 급급하다.

둘째, 모든 직원의 말에 귀를 기울여야 한다. 훌륭한 경청자가 말을 하면 사람들은 귀를 기울인다. 하지만 혼자만 떠들던 리더가 말을 하기 시작하면 사람들은 귀를 막고 딴청을 핀다. 《뉴욕 타임스》의 제이슨 블레어Jayson Blair 기자가 다른 기사를 표절하고 인터뷰를 꾸며냈다는 사실이 드러나자 편집국장인 하월

레인스Howell Raines는 사직한다. 그간의 업적으로 볼 때 레인스는 훌륭했다. 뛰어난 리더십으로 가장 많은 퓰리처상 수상자를 만들어냈다. 하지만 그는 직원의 말을 귀담아듣지 않았다. 오만하고 군림하는 성격을 가졌고 몇몇 기자만을 편애했다. 그는 스타 기자와 나머지 기자로 구분했고 나머지 기자들의 이야기는 듣지 않았다. 그 누구도 의문을 제기하지 못하게 했다. 그 결과 솔직한 피드백과 자유로운 대화가 사라지고 폐쇄적인 문화가 자리를 잡았고 언론에서 가장 중요한 정직성이 사라졌다. 경청은 단순히 듣는 것 이상이다.

변하지 않는
리더의 철학

일본에는 경영의 신으로 불리는 사람이 세 명 있다. 마쓰시다 전기를 창업한 마쓰시다 고노스케, 혼다 자동차를 만든 혼다 소이치로, 그리고 이나모리 가즈오다.

이나모리 가즈오는 1959년 교토 세라믹을 설립해 엄청난 기업의 총수가 되었다. 파산 위기에 처한 항공사를 1년 만에 흑자 전환에 성공시켜 큰 이슈가 되기도 했다. 도대체 그는 어떤 사람이고, 어떤 과정을 거쳐 지금에 이르렀을까? 그가 생각하는 경영자는 어떤 사람일까? 그가 쓴 《사장의 도리》를 보면서 생각해 보자.

그를 보면 "초년고생은 사서도 한다"라는 말이 연상된다. 정말 지지리도 꼬인 인생이었다. 중학교 시험을 두 번 떨어지고 대학 입학시험도 떨어져 원하지 않는 대학에 원하지 않는 학과를 갈 수밖에 없었다. 결핵에 걸린 숙부 때문에 그 역시 결핵에 걸렸다. 졸업 후에는 취직도 되지 않았다. 보다 못한 주임 교수가 쇼후 공업이라는 곳에 취직을 시켜주었는데 당시 그 회사는 법정 관리 상태라 월급도 제대로 나오지 않았다.

하지만 모든 것은 생각하기 나름이다. 월급이 제대로 나오지 않아 입사 6개월 만에 그를 제외한 입사 동기가 모두 회사를 그만둔다. 원망으로 시간을 보내던 이나모리 가즈오에게 어느 날 "그래 봤자 아무 소용없다. 한 번밖에 없는 소중한 인생을 결코 헛되이 보내서는 안 된다는 깨달음"이 온다. 그러자 인생이 조금씩 달라진다.

당시 이 회사는 고압 초자 같은 중전용 세라믹을 생산했는데 앞으로는 가전용 약전 세라믹이 유망하다는 판단이 들어 신소재 개발에 앞장선다. 그는 다른 건 생각하지 않고 오로지 연구에만 몰입했고 그 과정에서 재미를 느꼈다. 그리고 연구에만 매진한 결과 포스테라이트Fosterite라는 새로운 세라믹 재료 개발에 성공했다. 이 재료를 바탕으로 만든 텔레비전 부품은 상당히 잘 팔렸다.

그는 누구보다 열심히 일했다. 그런데 외부에서 시비를 거는 사람들이 생겨났다. 우선 노조가 그랬다. 그는 회사가 잘되어야 나도 잘된다고 생각해 수당도 받지 않고 잔업을 했다. 이에 대해 노조가 시비를 걸었고, 파업에 나서지 않는다고 이나모리 가즈오가 속한 팀을 못살게 굴었다.

독립도 자발적으로 한 게 아니라 할 수 없이 한 것이다. 한번은 히타치 제작소에서 포스테라이트를 사용해 세라믹 진공관을 만들어달라고 주문이 들어왔다. 그는 죽기 살기로 열심히 했다. 그런데 새로 온 무능한 상사가 대뜸 그 프로젝트에서 빠질 것을 그에게 요구했다. 청천벽력 같은 일이었디. 이의를 제기했으나 받아들여지지 않았고 결국 그는 사직 의사를 밝혔다. 이런 상사 밑에서는 아무것도 할 수 없다는 판단이 선 것이다.

그를 따라 여덟 명의 동료가 함께 퇴사를 선언했다. 이어 지인들이 돈을 모아 그에게 투자했다. 아무 연고도 없는 사람들이 스물여덟 살밖에 되지 않은 지방대 출신의 젊은 기술자에게 미래를 걸고 투자를 결정한 것이다. 정말 꿈만 같은 이야기다. 회사 안에서 그가 어떤 존재였는지 짐작하게 한다.

창업 후에도 갖은 고생을 했다. 3년째 되던 해에 고졸 직원 11명이 피로 손도장을 찍은 요구서를 들고 왔다. 정기적인 승진과 상여금을 보장해 달라는 내용이었다. 그가 아무리 자신을 믿어달라고 이야기해도 직원들이 믿어주지 않자 다음과 같은 약속을 한다. "목숨을 걸고 일하고 만약 내가 자네들을 속였다고 생각하면 나를 죽여도 좋다." 리더의 도리가 무엇인지를 생각하게 하는 사건이었다. 이 지점에서 그에게 '회사란 무엇일까? 리더의 역할과 도리는 무엇일까?'라는 의문점이 생긴다.

그가 생각하는 리더의 도리는 단연코 '올바른 철학'이었다. 경영은 판단이 축적된 결과다. 제대로 된 판단이 모인 결과가 경영 성과로 나타나는 것이다. 그런데 그런 판단을 제대로 하기 위해서는 판단 기준이 되는 철학이 있어야 한다. 사업을 하면서 그가 가진 것은 기술자로서의 경험밖에 없었다. 회사 경영에 대해 짐작조차 하지 못했다. 대차대조표도 몰랐다. 그만큼 경영에 문외한이었다. 그는 지극히 상식적인 기준으로 의사 결정을 했다. '이 일이 올바른 일인가, 옳지 않은 일인가? 선한 일인가, 악한 일인가?'가 그것이다. 이런 기준으로 판단하면 처음 부닥치는 일일지라도 일이 크게 잘못되거나 착오가 생기지 않을 거라고 믿었다.

그는 인생 또는 일의 결과는 '사고방식 × 열정 × 능력'이라는 철학을 갖고 있다. 능력에는 육체의 건강도 포함한다. 그가 가장 강조하는 것은 사고방식인데, 여기에는 플러스와 마이너스가 있다. 하지만 이 방정식의 핵심은 곱셈이다. 사물을 긍정적으로 보지 못하고 마이너스이면 능력이나 열의가 강할수록 결과도 심한 마이너스가 되는 것이다. 그만큼 리더의 사고방식은 경영에 절대적이다.

당신은 현재 어떤 철학을 갖고 있는가? 지금의 철학이면 충분하다고 생각하는가? 리더는 먼저 고민하고 자신에 앞서 다른 사람을 생각할 수 있어야 한다. 이나모리 가즈오는 다음과 같이 고백했다.

"리더는 재능을 자기 개인만을 위해 써서는 안 된다. 이 사실을 깨달은 순간 오싹했다. 그동안은 내 재능은 내 것이며 그 결과로 얻은 성과도 내 것이라는 오만한 마음을 품었기 때문이다. 내 기술을 바탕으로 창업했고 밤잠도 못 자고 노력하며 내 재능을 활용하여 회사가 성공을 거둔 것이니 내가 공헌한 데 대해 합당한 보수를 받아도 된다고 생각했다. 그런데 그게 아닌 것이다. 내 재능을 사유화해서는 안 된다는 생각이다. 재능은 창조주가 우연히 나라는 존재에게, 세상을 위하고 인류를 위해 사용하라고 전해준 것이다. 직원, 주주, 고객, 지역사회를 위해 내 재능을 사용해야 한다고 생각한다. 그게 리더이고 지도자다."

참으로 어려운 시기다. 무언가 변화하고 있는데 우리가 그 변화를 좇아가지 못해서 벌어지는 현상이라고 생각한다. 하지만 변하지 않는 그 무엇이 있다. 올바른 철학과 사상적 뼈대다. 리더로서 당신의 철학과 철학적 뼈대는 무엇인가? 당신은 왜 살고, 왜 그렇게 열심히 일하는가, 돈을 벌어서 어떻게 할 것인가? 이제는 당신만의 철학을 가질 때다.

- 거스 히딩크, 《마이웨이》(조선일보사, 2002).

- 고현숙, 《결정적 순간의 리더들》(쌤앤파커스, 2017).

- 김경준, 《통찰로 경영하라》(원앤원북스, 2014).

- 김영수·김우형·조태현, 《리더십 바이러스》(고즈윈, 2005).

- 닉 러브그로브, 《스워브》, 이지연 옮김(마일스톤, 2018).

- 데브 팻나이크, 《와이어드》, 주철범 옮김(이상, 2010).

- 데이비드 마르케, 《턴어라운드》, 김동규 옮김(세종서적, 2020).

- 데이비드 브룩스, 《인간의 품격》, 김희정 옮김(부키, 2015).

- 로버트 I. 서튼, 《굿 보스 배드 보스》, 배현 옮김(모멘텀, 2011).

- 레슬리 맥커윈, 《핵심인재와 일하는 기술》, 우종민 옮김(지식공작소, 2004).

- 마리아나 마추카토, 《가치의 모든 것》, 안진환 옮김(민음사, 2020).

- 마이클 유심, 《고 포인트》, 안진환 옮김(한국경제신문사, 2010).

- 사마광, 《한 권으로 읽는 자치통감》, 나진희 옮김(현대지성, 2019).

- 사티아 나델라, 《히트 리프레시》, 최윤희 옮김(흐름출판, 2018).

- 서광원, 《사장의 길》(흐름출판, 2016).

- 서성교, 《하버드 리더십 노트》(원앤원북스, 2003).

- 스콧 에블린, 《무엇이 임원의 성패를 결정하는가》, 고현숙 옮김(올림, 2014).

리더란 무엇인가

- 신태균, 《인재의 반격》(쌤앤파커스, 2020).
- 아사노 스스무, 《일을 잘 맡긴다는 것》, 김정환 옮김(센시오, 2020).
- 오긍, 《정관정요》, 김원중 옮김(휴머니스트, 2016).
- 오정환, 《어떻게 사람의 마음을 움직일 것인가》(호이테북스, 2016).
- 이나모리 가즈오, 《사장의 도리》, 김윤경 옮김(다산북스, 2014).
- 장 프랑수아 마르미옹, 《내 주위에는 왜 멍청이가 많을까》, 이주영 옮김(시공사, 2020).
- 잭 웰치·수지 웰치, 《승자의 조건》, 윤여필 옮김(청림출판, 2007).
- 정갑영, 《카론의 동전 한 닢》(삼성경제연구소, 2005).
- 제임스 C. 헌터, 《서번트리더십》, 김광수 옮김(시대의창, 2013).
- 조윤제, 《천년의 내공》(청림출판, 2016).
- 존 맥스 웰, 《360도 리더》, 강혜정 옮김(넥서스BIZ, 2007).
- 크레이그 히크만, 《똑똑한 리더의 치명적 착각》, 이주형 옮김(위즈덤하우스, 2009).
- 홍선표, 《최고의 리더는 글을 쓴다》(시크릿하우스, 2021).
- CCTV 다큐 제작팀, 《기업의 시대》, 허유영 옮김(다산북스, 2014).

리더란 무엇인가
변화되는 세상에서 성공하는 리더의 노트

1판 1쇄 인쇄　2022년 7월 7일
1판 1쇄 발행　2022년 7월 18일

지은이　한근태
펴낸이　김성구

책임편집　김지용 김초록
콘텐츠본부　고혁 이영민 조은아 이은주
마케팅부　송영우 어찬 김하은
관리　박현주

펴낸곳　㈜샘터사
등록　2001년 10월 15일 제1–2923호
주소　서울시 종로구 창경궁로35길 26 2층 (03076)
전화　02-763-8965(콘텐츠본부)　02-763-8966(마케팅부)
팩스　02-3672-1873　|　**메일**　book@isamtoh.com　|　**홈페이지**　www.isamtoh.com

ISBN　978-89-464-2216-2 (03320)

◦ 값은 뒤표지에 있습니다.
◦ 잘못 만들어진 책은 구입처에서 교환해 드립니다.

샘터 1% 나눔실천

샘터는 모든 책 인세의 1%를 '샘물통장' 기금으로 조성하여 매년 소외된 이웃에게 기부하고 있습니다. 2021년까지 약 9,400만 원을 기부하였으며, 앞으로도 샘터는 책을 통해 1% 나눔실천을 계속할 것입니다.